学級経営サポートBOOKS

\言葉で紡ぐ/
12か月の
学級づくり

「学級通信」にのせたい

# 子どもの心を揺さぶるメッセージ

金大竜 著

JN021602

明治図書

# まえがき

　子ども達は可能性の塊です。人間が常に成長しているなら，僕よりも今の子ども達の方がもともともっている力は素晴らしいのです。それを古い人間が壊してはいけません。

> 子どもが子どもらしく生きていたら問題が起きるのが普通。その問題も大人が問題だと思っているだけ。

　子ども達が問題を起こす時，そのほとんどは未学習であり，誤学習が原因です。ですから，頭ごなしに指導したり，叱ったりするのではなく，新たに価値観を学ぶことができるように様々な体験をしたり，話し合えるように機会をつくったりする必要があります。学級通信はそのための手段の一つです。
　僕は，学級通信というツールを利用して，子ども達と価値観を共有することを第一に考えています。学級通信を一緒に読み，少しの時間でも共に話し合うことで子ども自身が思考を起こし，自分で判断できるようにしたいのです。もちろん，学級通信に書かれているのは，僕の価値観・考え方ですから，それが正解ではありません。一つの物事に対する見方・考え方はこんな風にも見られるよと子ども達が実感できるように書いています。ですから，各家庭でもこの通信をもとに子どもと話し合いをしてくれたらという思いもあります。さらに，未来，子ども達が生きていく中で読み返した時に何かその時の生きるヒントになればいいなという願いも込めています。
　僕の学級通信が，あなたのクラスの子ども達，そして，あなた自身にとっても何か少しでも成長するきっかけになるよう願っています。

金　大　竜

# CONTENTS

**01**

# 自己紹介

出会いを楽しみにしていたことを伝える

　はじめまして。先生の名前は金大竜（キムテリョン）と言います。1980年2月26日生まれの39歳です。先生は日本で生まれた韓国人です。教師生活は18年目になりました。これまで担当した学年は，

| 大阪市立聖和小学校 | 4年 | 5年 | 6年 | 5年 | 6年 | 6年 | 5年 |
| | 6年 | 3年 | 4年 | | | | |
| 大阪市立千本小学校 | 5年 | 6年 | 5年 | 6年 | 4年 | | |
| 大阪市立新高小学校 | 5年 | 6年 | 4年 | | | | |

です。

　春休み，4の1の担任をすることが決まってから，みんなの名前の由来を考えていました。一人一人との出会いを想像しながら，ワクワクして思い浮かべながら，今年も1年，素敵な年になりそうだなと思いました。

　この教室では，あなたがあなたらしくいられるといいなと思っています。いろんな子がいると思います。勉強が好きという人，勉強が苦手という人。運動が好きという人，運動が苦手という人。読書が好きという人，読書が苦手な人。人と話すのが好きな人，人と話すのが苦手な人。ゲームが好きという人，ゲームが苦手という人。他にもたくさんの違いがあるでしょう。どんなあなたでも，この教室にいてくれることが先生は嬉しいのです。

　だってね，先生はみんながいなければ「先生」はできません。あなたがいなければ「会話」もできません。いろんな「発想」を思い浮かべることもできません。あなたがただいるだけでも，いろんなアイデアが思い浮かびます。楽しい気持ちになります。

だから，この言葉をみんなに最初に贈ります。「出会ってくれてありがとう。生まれてきてくれてありがとう。」

先生の似顔絵

　人は人の中で磨かれます。ですからこの1年，みんなとたくさん遊んで，たくさん話してください。その中で一人一人の違いを知り，大切にしていくというのはどういうことかを考えてください。全員と仲良くしましょうとは言いません。でも，全員と協力はできるようになってほしいと思っています。それがあなたが幸せになる条件の一つだと先生は思います。さあ，みんなで楽しく，素敵なクラスをつくっていきましょう！

## ◆保護者の方へ

　1年間よろしくお願いします。この学級通信は，子ども向けに書きますが，この通信を通して子ども達の学校での様子を知ってもらえたらと思います。

### 通信のねらい

　4月の始業式には，いつも自分がどんな人間で，どんな教室をつくっていきたいのかを子どもにも，保護者にも知らせます。この1号で全てを伝えられるわけはありません。でも，この1年，どんな方向で進めていきたいのかを伝えます。そして，何より出会いを楽しみにしていたことを伝えます。

　ちなみに似顔絵コーナーを設けることで，学級通信を読んでいる間，話を聞けない子どもが静かに作業ができるようにしています。折角の出会いの日，子どもを叱ることはしたくないですもんね。そして，この似顔絵コーナーにどんな絵を描くかで，その子がどんな子なのかもわかります。

02

# 誕生日　光らせる人
一人一人を大切にする姿を示す

## ◆お誕生日おめでとう！

春休みに誕生日を迎えた仲間を紹介します。

「生まれてきてくれてありがとう。」「出会ってくれてありがとう。」

| | |
|---|---|
| 3月27日　林正太くん | 4月4日　中田しおりさん |
| 4月6日　西田健太くん | 4月7日　新垣舞さん |

　それぞれが生まれた大切な日。先生にも子どもがいますが，生まれた日のことは今でもよく覚えています。その日を思い出すと，今でも心が温かくなります。あなたが生まれてきた大事な日ですから，みんなで祝っていきましょう。誕生日には「おめでとう！」と声をかけましょう。そうして一人一人が一人一人を大切にしていけるクラスにしていきたいですね。

## ◆素敵な1日目でした！

　昨日は6年生として初めての登校でした。始業式から前で話す先生をしっかりと見ながら聞けていましたね。

　教室に戻ってきたら，いろんなものを配付しました。教科書に手紙，いろんなものを配りました。その時にいろんな動きが見られました。下山さんは席にいない友達の教科書や手紙を揃えてくれていました。小野寺くんはそれを保健室に持っていってくれました。辻くんは他の人が作業で夢中になっている時にそっと仕事をフォローしていました。誰かが見ていなくても，そうしたフォローをできる人が教室に増えると教室はどんどん居心地の良い，優しい教室になっていきますね。そんな教室になると良いなと先生は思っています。

先生が教科書を配っていると大木さんや河田さんがゴミをサッと片づけてくれました。秋田くんや奥山さん，原くんは何度も教科書を他の教室に運んでくれました。そうした動きだけでなく，田村さんや桜庭さんは切り替えが早く，先生が話をしやすい雰囲気をつくってくれていました。こうして気がついて人のために動けるって良いなと思います。

　先生は，誰かだけが我慢して苦しんでいる教室は好きではありません。集団生活ですから，あなたが頑張らないといけないことがあります。あなたが嫌だなあと感じることもあります。だからといって，それをしなくて良いわけではありません。そうしたことを少数の人が我慢してやっているのではなく，みんなで少しずつ頑張ってクリアできたら良いなと思います。例えば，ノートを配る時。4人で配ると1人10冊です。それを20人で配れば1人2冊になります。そんな風にできる人ができることをやっていくのですが，その時にはそれぞれが自分にできることを考えてやってくれたら，どんな教室になっていくか？　そんな風に考えながら生活してみてくださいね。

## 通信のねらい

　この学級通信は2日目のものです。まず何より大切にしたいのは，春休みに誕生日を迎えた子をクラスみんなで祝うことです。この子達は多くの場合，お誕生日を学校で祝ってもらったことがありません。こうしたみんなが気づいていないところに光を当てられる人は，子どもから見ると光っている人に見えるのです。学級のスタートですから，「一人一人を大切にするんだよ」と語るより，こうした行動で示す方が伝わります。一人一人の大切な日を忘れないことは，子ども一人一人をどう見ているのかにつながりますからね。

　また，子ども達の様子はまだまだわからないですが，始業式での子ども達の姿でこれからも続けてほしいな，こんな姿で教室が溢れるといいなということを書きます。この際，クラス全員が最初の1週間で通信に登場することを目標にしています。その目的。わかりますか？

**03**

# 自分もクラスメイトも学校全体も３分の１ずつ

## 自分も周囲も大切にしてほしいことを伝える

　昨日は１日目，みんなでたくさん笑いました。そんな風に一人一人が笑顔でいられる時間が多い教室だといいなと思います。そのためには，一人一人がどんな風に過ごすといいのかを考えながら行動してみてくださいね。

　昨日は，プリントを配っていると，飯村くんや平田さんが後ろの人のことを考え，足りないプリントをもらいに来てくれたり，多かったプリントを戻してくれたりしました。自分のことだけでなく，少し周りの人のことまで考えられると教室は気持ち良く過ごせて，結果，笑顔が増えますね。

　岡田くんは「はいっ！」と良い返事をしてくれました。あのような声はクラスを元気にしますね。そうなると笑顔が増えます。荒川さん，小木さん，久保村さんは，先生が教科書を配っている時に出たゴミをせっせとゴミ箱に捨ててくれました。先生はおかげで早く教科書が配れ，その分，ゲームをすることができました。３人のおかげで，みんなが笑顔になる時間が増えました。ありがとう。浜木さんは放課後，先生と話をしてくれました。初めてみんなと出会い，みんなのことを知り，仲を深めていきたいからこうしてたくさん話しかけてくれると嬉しいものです。おかげで先生は笑顔になれました。

　松岡さんや丸本さんのように先生が話し始めると，さっと作業をやめて話を聞く雰囲気をつくってくれる人もありがたかったです。その空気がだんだんと広がり，最初に先生が話していた時より，２時間もした時にはみんなの切り替えも早くなり，とても話しやすくなりました。ありがとう。切り替えが早くなると，時間が生まれ，これもみんなが楽しく過ごす時間が増えることにつながります。

　正木くんや溝口くんは先生の面白い絵を上手に描いてくれました。それも嬉しかったです。思わず，先生は笑顔になりましたから。ありがとう。

中村くんも頑張っていました。「落ち着かへんねん」と先生に話してくれ，先生との約束を守ってチャレンジしていました。そこからみんなでたくさん笑いましたね。ということは，楽しむことをみんなにあんなにもたくさんプレゼントしてくれたのです。ありがとう。

　先生は，みんながみんな同じように動く必要はないと思っています。その中で自分らしく，一人一人が伸びていければいいなと思うのです。

　ただ，今から伝えることはいつも頭に入れておいてください。

　「自分が3分の1，クラスメイトが3分の1，学校全体のこと3分の1。」

　このバランスを守ってください。自分ばかりでもダメ，自分達のクラスのことばかりでもダメ，学校のことばかりでもダメ。いつも，この三つのバランスを考えていきましょう。この三つを意識できた時，人は一番大きい幸せな気持ちになれると言われています。ぜひ，意識してみてくださいね。あなたは学校の中で三つのバランス，守れていますか？

## 通信のねらい

　この学級通信も，新学期2日目のものです。さて，先ほどのページに1週間で全員が通信に登場することを目標にしていると書きました。それには次の二つの目的があります。

> ①自分が掲載されることで，学級に対する所属感や見てもらえているという安心感を感じられるようになる。
> ②自分が掲載されることで，学級通信を家で見せ，学級通信の存在を保護者にも知ってもらえるようになる。

　こうした教師自身の姿勢は，言葉と同様，伝わるものがあります。こんな教室をつくりたいというのは言葉だけでなく，その行動から伝わるものも多くあります。

**04**

# 変われるかもしれないという気持ち
どうしたらより良く変われるかを伝える

　昨日は，4年生で初めての体育をしました。そこでのみんなの変化がとてもすごかったです。まずは，切り替えの早さが格段に良くなりました。斉藤くんは段々と指示を正確に聞き取り，活動に取り掛かる早さが変わっていきましたね。これは，体育の時間に限らず，いろんな場面で見られました。昨日は何回も言いましたが，松尾さんは先生が話すと必ず目が合います。これは，次に何が起きるのかを考え，いつも動けている証拠ですね。

　昨日は，良いクラスになれるのかを占う手つなぎゲームをしました。ルールはいたって簡単です。男女で手をつなぎ，座るだけの単純なゲームです。先生が担任した良いクラスはこれを8秒でクリアしてきました。最初，みんながチャレンジすると40秒を過ぎても完成しませんでした。それはなぜか。「男子なんかと……」「女子なんかと……」ってこだわってるからです。

　何かうまくやりたい時は，こうしたこだわりを捨てていくことですね。昨日，一番にそれをしてくれたのが，林原くんと中野さんです。2人は先生のアドバイスを聞き，それを素直に取り入れていました。何事もまずは，素直にやってみて，そこから自分に合うかどうかを考えていく，さらに，より良くなるために改善していくことができる人は伸びていきますね。この2人の行動がだんだんクラスに広がっていき，なんと3秒ででき，みんなから大きな歓声が生まれました。3秒でできる前には，何人もの人が「もう1回やりたい！」と言っていましたね。何事も楽しんだもの勝ちです。昨日も手をつないで座るだけのゲームで，クラスの絆が深まり，良い思い出が一つできましたね。先生はおかげで幸せな気持ちになりました。ありがとう。

　良いクラスの条件はね，簡単です。一緒に何回笑ったかで決まります。だから，先生はみんなが1回でも多く笑顔でいられるように，いろんなことを

工夫します。ぜひ，あなた自身もみんなが笑顔になるにはどうすれば良いのかを考えてくださいね。

　そうそう，昨日は掃除の時間に桜田さんが自分の掃除をしながらも，黒板掃除の男の子に雑巾の使い方を優しく，温かくアドバイスしてあげていましたね。あんな風にできるのも，手つなぎゲームと同じようにこだわりがなく，誰にでも親切な心があるからですね。素敵なことです。

## 通信のねらい

　僕自身は学級がうまくいかないまま終わった1年の後を受けもつことが多くあります。そんな時，子ども達は，いろんなことに「不信」になっています。まずは，学校という場所への不信。ここには友達や教師への不信も入ります。学校文化は子どもにとって出会う初めての外の社会です。それが揺らげば大きな不安になります。そして，自分自身にも「不信」になっていることがあります。そんな「不信」をもって過ごすと，子どもは自分を守るために自分なりのこだわりをもつようになります。このこだわりは，自分を守る壁にもなりますが，新しい環境では自分をなかなか変化させられない壁にもなってしまいます。

　4月の出会いでは，そうした子どもがこれまで不安から自分を守るためにつくってきた壁を丁寧に取り除くきっかけをあげたいですね。そのための手法はどんなものでもいいです。僕自身は，この通信にあげているような簡単なゲームを行います。そして，それがうまくいかなかった理由とうまくいった理由を整理しながら，どうすれば教室という場所で変わっていけるのかを知らせるようにしています。こうして，教師が何をどのように見ているのか，何を大切にしているのかを知らせることも学級通信を書く目的ですね。

　ちなみに，僕は学級経営で何より大切なことは，学級のメンバーで何度も笑うことだと考えています。1年間に笑った数だけ，クラスの仲は深まると僕は考えています。

05

# 変われないことへの理解
### 頑張れなくても大丈夫と安心させる

## ◆すぐに変われなくて大丈夫！

　学級通信にみんなが変わっていく様子を書いていると，「僕は大丈夫かな？」「私は大丈夫かな？」と感じている人もいると思います。答えは，もちろん大丈夫です。あなたが４年生になって，「素敵に成長していこう！」と思っているのは，その表情を見たり，会話をしたりしていると伝わってきます。だからね，焦らなくても大丈夫です。

　例えば，黒川さんは自分の気持ちをコントロールしようとしています。でも，ドッジボールなどではそれができなくなって悲しくて涙を流してしまうこともあります。清水さんは自分でイライラしないようにコントロールしていますが，勝負事になったら勝負にこだわってしまうことがあります。山口くんは，頭の回転が早く，正解を早く導くことができます。でも，それが正解かどうか不安になると発表できないことがあります。もう大人の先生でさえ，今日はイライラしないでいるぞと決めても，掃除の時間になるとついつい「ほら，早く手を動かして！」なんて注意の声も大きくなることがあります。ここに書いたようなことは３人だけでなく，誰もが感じたり，経験したりしているのではないでしょうか。

　でもね，先生は知っています。黒川さんの周りを思いやる心を。清水さんがみんなを楽しませようとしていることを。山口くんは表現力が高く，それを伝えようとしていることを。そうして，それぞれが今の自分より伸びていこうと意識していることを知っています。だからこそ，余計に思います。焦らなくても大丈夫。人は意識が約10％，無意識が約90％です。つまり，変わろうと思っているのが10。変わる前の自分が90。だからね，変わろうと思ってもなかなか変われない生き物なのです。だから，ゆっくりじっくりで大丈

夫です。あなたがゆっくりじっくり変わるために，学校も先生も仲間もいるのです。今できることを一生懸命していくだけです。それで大丈夫。どうせ変わっていくから大丈夫ですよ。

◆キラリと光る姿

　東くんと佐々木さんは算数の時間，教科書を使って意見の交流がだんだんと上手にできるようになりました。どちらも説明する時間をつくれていることも素晴らしいですね。

　正木くんは，いつも，給食当番の食器を進んでやってくれます。人が嫌がる仕事を進んでする人が教室に増えていくと，それだけ教室が過ごしやすい，温かい場所に変わっていきますね。

　福井さんは，自分の考えをわかりやすく伝えるために，黒板を使いながら説明できました。その時には，みんなの方を見て伝えることができました。

　藤原くんは，時間を守って行動できるようになりました。休み時間もすぐに遊びを終えて，授業がスタートしやすいように協力してくれています。

　吉田くんは授業中の話を聞く姿勢が変わってきました。授業を真剣に聞いてるので，手を挙げる回数もすごく増えてきています。

## 通信のねらい

　4月は張り切って様々なことに取り組む子が多く，教師も張り切ってそれを見つけて褒めることをします。それは子ども達にとって大切なことですし，教室に一定の規律を生むために効果もあります。しかし，その裏で苦しんでいる子がいるかもしれないと教師自身は気にかけておく必要があります。変われる喜びと同じように，変われない苦しみを感じることもあるのが人間です。そんな時，変われなくても大丈夫，この教室は頑張れない時もいいんだという認識を子ども達にもたせてあげたいですね。そうすることで安心し，ようやく少しずつ変われる子もいるのではないでしょうか。

06

# 学ぶ時の眼差しを見れば真剣さがわかる

### 写真で客観的に自分の姿を見せる

　右の写真は全て先週の金曜日の写真です。みんなの授業中の表情や友達との距離を見れば授業にどれだけ真剣に取り組めているのかがわかります。

　先週授業をしながら先生は，教室での授業がだんだんとスムーズに進められるようになってきたなと感じていました。それは一人一人の学習での切り替えが早くなってきたからですね。

　木村さんと井上さんは教科書を指差しながら，相手にどうやったら伝わるのかを考えて話し合うことができています。特に木村さんは自分の席から話しやすいように立って移動していましたね。こうしたちょっとした相手への心遣いが話し合いを活発にさせるポイントです。

　加藤さんは先生の質問に対してサッと挙手したり，先生が何かを説明した後すぐに活動に入ったりできます。それを見て，話を聞く力があるなと感じています。

　林原くんや三田くんは右の写真を見てもわかるように友達の意見も前傾姿勢で聞く場面が増えてきました。先生だけでなく，友達の話も聞けるようになれば，どんどん成長していきますね。

　島村さんと松本くんはペアトークの時，お互いアイコンタクトでどちらが相手の席に移動するかを決めています。どちらもお互いのために動こうとする姿勢があるから，話し合いもスムーズですね。

　谷川さんはニコニコしながら先生の話を聞いてくれますし，草野さんは背筋をまっすぐして話を聞いてくれます。そんな2人のような人が増えるととても先生は授業がしやすくなります。みんなのおかげで先生も楽しく，幸せな気持ちで授業ができます。今週もよろしくお願いします。

## 通信のねらい

　学級通信には，子ども達の写真をたくさん掲載します。この学級通信にも，実際には6枚の写真を掲載しています。子ども達は，文字で自分の頑張りを伝えてもらうことも大切で効果がありますが，写真であれば自分の姿を客観的に見ることができます。自分の友達との距離や活動中の表情は子ども自身わかっていませんので，自分がどんな風に学んでいるのか事実を見たら自分でもこの授業，この学級に自分の居場所を感じられるようになります。友達に寄り添っている優しい眼差し，大きく口と目を開けて全身で笑っているところなどなど，写真は文字よりも説得力をもつ場合もあります。

　もちろん当たり前ですが，僕は写真を撮る時に予めこのような写真を撮ると決めています。偶然撮っているわけではありません。このような活動で，このような指示をすれば，このような声をかければ，こんな距離感やこんな表情をするだろうなと考えています。

　例えば，2人で話し合う際，「どちらかの教科書を使って，1冊で話し合ってね」と指示をすれば，自然と2人の距離は近くなります。それを写真に撮れば，お互いの距離が近づいていることを認識できます。

　最初は勘違いからスタートしてもいいのです。仲が深まった実感，できるかもしれないという実感，変われるかもしれないという実感を認識することで本当にそんな風に変わっていくものですから。

07

# 日記で思いを共有しよう

お互いの感じ方が気になる気持ちに寄り添う

◆みんなの日記から

### 大木さん

　今日2，3時間目の授業は算数と理科の予定だったけど，クラス全員でゲームをしました。その時，いつもあまり話さない人とも一緒に遊べて，昨日も今日もだけど，男女関係なく遊べて楽しかったです。なんで今まで男子とペアを組んだりして（女子とばっかり）遊ばなかったんだろうと今日，思いました。昨日も，今日も瀬戸さんがクラスみんなの名札を配膳台に持って行ったのが素敵だと思いました。私も見習いたいです。

### 川村さん

　今日のゲームの時間に手を叩いた数で集まる時に，女子は女子，男子は男子で分かれるのではなく，男女関係なしで手をつないだりしているのを見てみんなでとてもいい学級がつくれそうだなと思いました。これからも男子と女子関係ない，フレンドリーなクラスになればいいなと思います。

### 近江谷さん

　私は今日，嬉しいこととすごいなあと思う出来事がありました。それは，朝，隣の席の大木さんが「おはよう」とあいさつを自らしてくれたことです。私は大木さんと同じクラスになるのは初めてで，6年生の初日に初めてしゃべりました。自らあいさつするのは勇気がいることなのに初めて同じクラスになった子にもあいさつしてくれて嬉しかったし，見習おうと思いました。このクラスには，初めて一緒になった子が大木さんを入れて9人いるので，その人達とも仲良くなったり，協力できたりするように勇気を出してしゃべりかけてみようと思います。こ

れから頑張っていきます‼

**山崎さん**

　最初，私は4人グループをつくって，何をするのかわかりませんでした。でも話を聞いたら，じゃんけんをして，どんどん勝ち抜くゲームで，私はとても頑張っていました。頑張ったので罰ゲームは回避していたのですが，私は気づきました。

　さっきまで「バンザイ！」というのが恥ずかしかったけど，恥ずかしくなくなっていました！　とってもびっくりしたし，なんだかうれしかったです。

## 通信のねらい

　学級が始まって，様々な活動をする中で子ども達同士でお互いがどのように感じているのかが気になる子もいます。そこで，僕は子どもの日記や授業の感想を学級通信に掲載し，みんなで思いを共有するようにしています。また，子どもの言葉の方が他の子に届く場合も当たり前ですが，あります。教師自身が何事も1人でやろうとせず，いろんなところから力を借り，利用することで学級はより良いものになっていきます。

　子ども達がお互いの良さを伝え合うことは面と向かっては難しくても日記であればできます。そうして，子ども達同士を学級通信からつなげていくこともできます。

　日記を載せてほしくないという子もいるので，その場合は日記を載せてほしくないと書いておいてもらいます。良いことをやっているつもりになり，実は子どもを傷つけていたり，信頼を失ったりしているなら，勿体ないです。ちなみに，僕は子どもに4月の時点でどんな風に褒めてほしいのかも簡単にアンケートをとっています。人前がいいのか，嫌なのか，個人的に伝えてほしいのか，第三者を介した方が嬉しいのかなどです。教師自身のやり方にこだわるより，子どものニーズに合わせた方が効果的です。

## 08

# 時間管理と掃除への参加

子どもの自主性を育む

◆**時間泥棒にはならないように…**

　昨日は時間泥棒の話をしました。時間を人から奪ったら返すことはできません。時間は命ですから，江戸時代，人の時間を奪うことは許されないこととして「時間泥棒」という言葉が生まれました。

　1回の授業で，準備が遅くなったり，話を聞いてなかったりして1分の時間を奪ったら，1日で6分。1週間で学校に来る日にちは5日ですので，30分になります。1年間で学校に来る日にちは大体200日なので1200分で20時間ということになります。

　先生は，その時間を使うならみんなで楽しむ時間にしたいなと考えています。皆さんはどうでしょうか？

　そのためには，「先を取る」ことがポイントです。「先を取る」というのは，その先の未来に何が起きるのか予想して，予めの行動をとることです。では，学校の中では「先を取る」というのはどんな場面でできるでしょうか？　考えて，動いてみてくださいね。

◆**掃除の時間の動きが変わりました！**

　昨日は，3回目の掃除でした。1，2回目の後の話し合いだけでここまで自分達で考えてできるんだなと感じていました。掃除の時間，教室からはホウキを使ってはいている音が聞こえていました。それってすごいことですね。それだけ私語がなく，掃除に集中しているということですね。15分という短い時間を最大限に生かしていますね。

　林田くんは第二音楽室の前のマットをめくって隅々まで丁寧に掃除をしてくれています。

松尾さんは自分の掃除を終えて，いろんな場所を手伝いに行っていました。

　前田さんは1年生の黒板を1人で次の日も使いやすいように綺麗にしてくれていました。

　「見ているものに心は似てくる」と言います。日々，過ごす学校の中が綺麗だと綺麗な心になっていきます。整理されていると心も整理されていきます。整理されていない教室だと喧嘩が起きたり，イライラしたりしやすくなります。汚い教室だと心も汚くなります。みんなで使う教室ですから，教室をみんなで綺麗にしましょう。そして，学校のリーダーとして学校中を綺麗にしていきたいです。

　昨日は近藤さんや森田さんが靴箱を綺麗に整理してくれる場面がありました。そうした行為が教室に増えていくとどんどん学校も教室も綺麗になりますね。1日1回，何か学校が綺麗になる取り組みをやってみましょう。

## 通信のねらい

　4月はクラスでの決めごとを確認したり，学習規律を整えていったりと子どもに指導する場面も多くなります。こうしたことを指導する時には，どうしても教師は説教くさくなりがちです。また，高圧的になる人もいます。学校は社会性を学ぶ場でもありますから，それらを子どもに指導する必要があります。しかし，それがこちらの押しつけであれば，子ども達は苦しむことになります。

　子ども達が自主的に動く時の条件は二つです。一つは養護的欲求が満たされた時です。つまり，あなたから愛情を感じることです。もう一つは教育的欲求が満たされた時です。最初は，どうすればよいのか，どう取り組めば良いのか方法を一緒に考えてあげることが必要です。教師が伝える中で子どもが自主的に取り組めるようにしていく。学級通信でもこの二つが満たされるように書いています。

**09**

# いろんな発想で係活動をしよう

子どもの自主性を育む

## ◆いろんな発想で自ら考えて動く

　今，桜田さん，小川さん，古田さん，山野さんがタブレットで写真を撮り，スライドショーを作成しています。みんなにアイデアをもらったり，協力をしてもらったりしながら，進めています。

　昨日は小野寺くんが学校にダンボールを台車で運んできて，井上くん，坂田くん，瀬戸くん，松井くん，杉浦くん，森田くんと共にあいさつ自動販売機を作り始めました。いくつかルールを守るように注意はしましたが，この二つの活動をやり始めたことに先生は「すごい！」と思っています。

　学校という場所は決められたことを決められたルールの中で学ぶ場所です。しかし，その一方で自分達がある目的に向かって，創造しながら進んでいくこともできる場所です。先生から言われたことだけをするのではなく，自分達でまずはやってみようと思う心，そして，行動力が大事ですね。

　さて，これからいろんな企画を自分達でしてほしいなと先生は思っています。そこで，一つルールを決めておきましょう。何かをあなたが企画したい時は企画書を先生に持ってきてください。企画書には，次のことを必ず書いてください。

①目的……………………どんな目的でやりたいのか

②大まかな内容……………何をしたいのか

③希望する日時……………いつ頃，どんなことをするのか

④準備するもの……………先生が準備するもの

これを先生に持ってきて，やるようにしましょうね。では，いろんな人の
いろんな動きを楽しみにしています。

## ◆いつも周りへの配慮を…

　昨日は，１日中学力テストがありました。１日中テストを受けるとなると
なかなかハードでしたね。テスト中の様子を見ていると真剣に取り組んでい
る人がいました。その横で，テストを終えた人がフラフラとしていました。
先生も注意はしました。テストを真剣にしている人に対して，あなたが退屈
だからといって何をしてもいいんだというわけではありません。自分では自
覚のない人やこれくらいはいいでしょと感じている人もいます。

　この１年，何度も何度も言いますが，大切なことは常に周りの人への思い
やりです。昨日なら，真剣にやっている人から見て，自分はどうしたら邪魔
にならないかな，どうしたらやりやすくなるかなと考えて行動します。そう
して，人を支えてみましょう。人を支えてみた，人のために動いてみた，そ
うした時に感じたり，見えたりするものがありますよ。

## 通信のねらい

　前の項目で自主的に動く時の二つの条件を書きましたが，係活動でも同じ
ですね。どの活動でも，何かをする時にどのようにすれば良いのかを子ども
達に指導する必要があります。そして，そうして動いた人を掲載することで，
（僕はいつも好意的に見ているよ）ということを発信する必要がありますね。
自主的にというのは，放任することとは違います。

　子ども達は最初のきっかけがあればどんどん動き始めます。「自由にどう
ぞ」という不親切さではなく，「子どもはどうしてほしいのかな？」と考え，
子どものニーズを満たすことをすれば，自主的な学級ができます。

**10**

# 授業中の課題と成長

良いことも課題も共有する

## ◆授業での良い話し合いが見られます！

昨日の理科の時間では，次にする「ものが燃える時に空気はどう動くのか？」の実験について話し合いをしていました。その時に俵くんが「先生，こんな実験はどう？」と言いながら黒板に図を描いて説明をしていました。先生は，嬉しかったです。こうして俵くんが積極的に楽しそうに授業に参加し，それを青木くんが聞いている。この教室で一人一人が安心して学べていることが嬉しいです。俵くんや青木くんが教室で授業に参加できるようになっているのは長谷川くんと山田さん，奥野さんのおかげです。3人がペアトークの時にしっかり相手の話を丁寧に聞いてくれているからですね。

松尾さんと森田くんもこの1週間でペアでの話し合いが長く続くようになってきました。これはお互いが授業に対して真剣に取り組めるようになってきているからですね。それは松井さんや山野くんのようにどんな授業でも真剣に頑張ってくれるみんながつくり出すムードのおかげです。先生自身，この1週間で授業が随分楽しくなってきました。ありがとう！

## ◆課題と成長が見られました！

昨日の歯の健康についての授業で，みんなの準備が遅かったり，聞く態度が良くなかったりしていました。次の時間も，いつまでも歯を磨き，ダラダラとおしゃべりし，授業のスタートが遅くなりました。先生がストップウォッチで計測すると合計8分。そこで先生は3時間目の授業を8分延長することをみなさんに伝えました。

人の時間を平気で奪うのなら，先生も平気でみんなの時間を奪います。結局は延長しなかったけど，次はやります。自分が嫌なことは相手も嫌。そん

なことを昨日は体感できました。良い学びになりましたね。

　一方，みんなの成長を見られたのが掃除の時間です。先生が伝え間違え，昨日は昼休みなしの先掃除でした。昼休みに入っていたみんなに「ごめん。今から掃除です」と伝えた後，辻井くんが「切り替えよ！」と言ってすぐに掃除を始めたのが印象的でした。その後のみんなの動きは本当に凄かったです。テキパキとして，5時間目の授業を時間通りに進められました。そういうところでみんなの成長を見ました。すごいですね。ありがとう。

## 通信のねらい

　学級通信では，良かったところや変化だけでなく，学級の課題もみんなで共有するようにしています。ただ，その時には，必ず聞く耳をもたせることが大事です。そのために僕は，できる限り，前日の良かったところを先に伝えるようにしています。そして，課題はさっと短く書くようにもしています。さらに言うと，課題を伝えた後は，最後に応援する意味で，子ども達の良さや頑張りを伝えるようにしています。

　関係性がまだ築けていない4月には，何か課題を伝える時には，聞く耳をもてるように先にしておくことが大事です。事実を，正しいことをズバッと言われると，頭ではわかっていても，ついつい反発してしまったり，聞き入れなかったりしてしまいます。子どもを指導する時には，僕は「勝ちゲーム」になる日・場面を選びます。「負けゲーム」になる時は，あえて子どもに向かうことはありません。

　また，こうしたことを掲載すると，保護者からクレームが来ないか不安という人もいると思います。でも，ここに書かなくても保護者は知っているわけです。さらに言うと，それぞれの子の解釈で，それぞれの子が都合良く話すわけです。それであれば，教師自身の考えを伝えることは大切ではないでしょうか。それがきっかけで，もし保護者と話し合えるなら，担任と保護者が子育ての方法をすり合わせるチャンスにもなりますね。

## 11

# 笑顔になるために学校へ来よう

### 伝えたいこと，わかってほしいことは何度も伝える

### ◆みんなでつくった笑顔！

　先週の話です。みんなが授業の始まりを大切にしました。時間を見て，遊びをやめて，みんながチャイムで授業がスタートできるようにしたわけです。

　1時間で2分，授業の開始が遅れたとします。すると，1日で12分。5日で1時間です。つまり，みんなは何気なく，1時間も授業時間を潰していることになります。日々の小さな積み重ねがすごい時間になりますね。この時間を大切にすれば，1日の中でみんなのゲームをする時間が増え，みんなが笑顔になる時間が生まれます。先生は，こうしてみんなでつくった時間はみんなが楽しめる時間に使いたいと考えています。

　ここから大切なことを書きますね。こうして時間を守るのは，「決まりだから守らなければいけない」という気持ちでやるのではなく，「みんなで楽しい時間をつくろっ」というくらいの考え方でしてほしいのです。

　これ，今はわからなくてもいいから，まずは2個目に書いてみたことをやってみてくださいね。そうするとね，この4の1の教室が楽しさやみんなが思いやる愛でいっぱいになって，居心地が良くなりますよ。1個目だとね，みんながみんなを責め合ったり，自分にも人にも厳しくなりすぎたりしますからね。そうすると教室はギスギスした不安な場所になっちゃうでしょ？

　先生は，あなたがこの教室で安心して，のびのびと楽しく，あなたらしくいられたらいいなと願っていますし，そこに向かって動きます。そんな教室をみんなでつくっていけたらいいなと願っています。今週もよろしくね！

### ◆なんのために学校に来るの？

　先週木曜日，金曜日と学校を休みました。その時に他の先生方からは「子

ども達，よく頑張っていました」と連絡をいただきました。先生が教室に入ると，先生宛の日記や手紙がいくつかありました。そこには，先生がいない間の友達の残念な行動が書いてありました。

　さて，この二つのエピソード，どちらが真実なのでしょうか。きっと，どちらも真実なんだと先生は思っています。あなたはあなたの精一杯で一生懸命，頑張った。でも，気がついたら気が抜けていらぬことをしたり，我慢できずに人の邪魔になってしまったりしたんだと思います。

　先生の好きな本に「子どもはみんな問題児」という本があります。この本のタイトルにあるように，子どもはいろんな問題を体験しながら大きくなっていくものですから，今回のことも自分自身の栄養にしていくといいですね。ただ，同じ失敗を何度も繰り返すのはダメです。そうではなく，なんでできなかったのか，次はどうしたらできるのだろうかと考えることです。

　みんなは9歳，10歳の子どもですから，大人がいないとできないこともたくさんあります。大人の目があったらちゃんとできる人もいるでしょう。自分の知らないところで大人に支えられていることもたくさんあります。そうしたみんなが一つでも多くのことを自分の力でできていくようになるため，また，1人でできないことはヘルプを出したり，協力したりしてできるようになるために学校があります。そんなことを意識して過ごしてくださいね。

## 通信のねらい

　子どもが諦めて教師の話したことを定着させるのか，子どもが定着する前に教師が諦めて話すことをやめるのか。単純に考えれば，そんなことではないでしょうか。学級通信には，前日に指導したことを書くことが多くあります。学級通信は配付した時に教師が音読するのでそれで2回。そして，読んだ後の感想をペアになって話す時間もとります。そして，指導した内容に対して変化が見られるようになったことは，また，別の機会に学級通信に書きます。

# 教室の主役はあなた

学級は自分達でつくるものだと伝える

## ◆先生の頑張りでは良いクラスはできない…

「学校の主役は誰ですか？」と聞かれたら，みんなは誰と答えますか？先生は，すぐに「子ども達だ」と答えます。ということは主役が中心になって動かないと教室って良くなることはありません。

教室を思い浮かべると，給食の準備や掃除の時間，誰が一番頑張っていますか？　その人に比べ，あなたはどうでしょうか？　自分の教室だと考えて，動いているでしょうか。そういう人が増えてこなければ，良い教室になっていくことはありません。ましてや，授業でも，他の場面でも先生だけが一生懸命な教室であれば，良くなっていくことはありません。このクラスはどうでしょうか？

昨日は清水さんがみんなに声をかけながらまとめていましたね。それに応じてみんながよく動いていました。廊下掃除の石田くんと森田くんは自分達で素早く掃除を進めていたけれど，そこに立花くんがヘルプに来て最終的にはいろんな人が手伝って，短い時間でしたがマットの下まで雑巾掛けできていました。

先生に言われるまでもなく，みんなは自分達の力でできることを昨日の給食の時間以降見せてくれました。みんなに力は十分にある。ではどうしたら，その力が出るのか，自分なりに一生懸命考えてみてくださいね。

## ◆早速，自分で考え，動く姿が！

この前，教室の主役はみんなという話をしました。そうすると，早速，そんな姿がたくさん見られていますね。昨日の国語や社会の話し合いでは，主体的に取り組んでいる人が多くいましたね。それぞれが少しスイッチを入れ

るだけで全然違うムードになります。川崎さんは，自分から原本くんに話しかけ，考えを伝えることができていました。古田さんと山本さんもそれぞれがどのように感じているのかをしっかりと話せていました。岡本さんは，黒板の図を指差しながら，みんなに伝わりやすい方法で発表できていました。

　スイッチオンは学習時間だけではありません。教室の掃除も全然違いました。始まって10分でもう大まかな掃除は終わり，細かな掃除までできていました。瀬戸くんは素早く雑巾を動かし，あっという間に机を綺麗にし，机の足まで磨いていました。森田くんはトイレ掃除を早く終え，教室に戻ってきて細かなゴミを拾っていました。

　先生はあなたのやる気スイッチをオンにはできません。あなたのやる気スイッチはあなたしかオンにできません。スイッチオンの方法はたくさんあります。声，姿勢，挨拶，朝の過ごし方でもスイッチオンできます。是非，自分で自分に合うスイッチオンの方法を考えてみましょうね。

## 通信のねらい

　4月，子どもに「教室は自分達のものだ」という話をします。幸せや楽しみは誰かが与えてくれるものではなく，自分達でつくっていくものです。子ども達はもしかしたら，これまでの経験で大人が何かをしてくれて当たり前と思っているかもしれません。それでは，受け身になり自分から動かなくなります。自分から考えて動けない子の未来は大変なことになってしまいます。

　僕は，授業においても，「楽しい授業があるわけではないよ。授業を楽しむのか，楽しまないのかはあなたの工夫次第だよ」と話しています。もちろん，教師自身が授業を振り返り，改善していきますが，それは子どもの仕事ではありません。子ども自身がその場をより良くする工夫を小さな一歩で良いのでしていくことを伝えています。

**13**

# 毎年読む絵本『しあわせのバケツ』
### 心理的盲点から逃れる

## ◆幸せのバケツをいっぱいにしよう

　この10連休，先生は何度もみんなのことを思い浮かべていました。「ああ，僕は子どもが学校に来て先生ができるんやなあ。みんなが学校に来てくれることがありがたいことだな」と感じていました。みんなと一緒に学べることを幸せに思っています。

　さて，連休に入る前に『しあわせのバケツ』（キャロル・マックラウド）という絵本の読み聞かせをしましたね。あなたのバケツがいっぱいになる日も，いっぱいにならない日もあると思います。でも，できれば幸せのバケツがいっぱいの日が増えるといいなと先生は思っています。みんなの心の中のバケツをお互いにいっぱいにするにはどんなことをすればいいのか？　そんなことを考えて，行動する人が増えていくといいですね。まずは，今日はそれを5個書き出してみましょう。そして，実践してみましょう！

- 
- 
- 
- 
- 

　先生は，この話を読みながら，自分でも自分の幸せのバケツをいっぱいにできるかなと考えていました。先生は，できるんじゃないかなと思っています。その方法を紹介します。一つは今日1日のラッキーを数えることです。脳は，見たいものしか見ませんから，あなたが普段からラッキーを数えていたら，身の回りのことをラッキーと感じやすくなったり，ラッキーなことが

起きたりすると言われています。自分がラッキーに囲まれていると知ったら，自分の幸せのバケツをいっぱいにできますね。

　私はラッキーなんて探せないと感じる人もいると思います。そして，今日はそんなラッキーを探す気分ではないという人もいると思います。そんな時は，友達に助けてもらってもよし，先生に相談してくれてもいいです。

　自分一人で幸せのバケツをいっぱいにするには限界がありますし，先生は不可能だと思っています。お互い，調子の良い日に調子の良い方が満たしてあげれば良いのです。自分一人でなんでも頑張らなくても大丈夫です。

　この教室がそんな教室であれば良いなと思います。みんなの幸せのバケツがいっぱいになるように先生も動いていきますね！

## 通信のねらい

　１学期，子ども達に僕の話がある程度入っていくなと感じたら，『しあわせのバケツ』という絵本をいつも読み聞かせしています。子どもの中には，様々な子どもがいますが，スコトーマ（心理的盲点）という言葉を聞いたことがあると思います。これまでの経験や体験から重要と感じないもの，知識がないものは目に入っても，キャッチできなくなります。

　例えば，前年度は学級崩壊だった，親子関係がネグレクト気味だというだけで，日常の自分にラッキーなことが起きるわけはない，人は信じられないと感じやすくなることもあるでしょう。

　スコトーマを外すためには，前向きな，幸せな気持ちになれる環境が必要です。ネグレクト状況や学級崩壊のようなネガティブな情動がスコトーマと紐づいていることが多くあるからです。

　そこで，日常から自分がどれだけ恵まれているのか，どれだけラッキーかをよく考える子にしたいなと考えています。そのためには，教師が一緒になって子どもの日常のとらえ方をゆっくり，じっくり，焦らずにプラスの方向にもっていってあげる必要があると考えています。

**14**

# 大好きだよ！

愛情を伝える

## ◆明日からのゴールデンウィーク

　あっという間に4月が終わりますね。4の1として学校で過ごして，15日を終えました。みんなは，この15日間でどんなことを感じましたか？　大好きなみんなと過ごせたこの1か月，先生は幸せでした。

　先生はみんなの一生懸命さに本当に感謝しています。まずは，今日，どうしても言いたいことがあります。それは，あなたがこの4の1にいてくれるだけで先生は嬉しいということです。何かを頑張ったからとか，何かを努力したからとか，我慢したからとか，そんなことも嬉しいですが，それよりももっと大きな気持ちで，4の1にいてくれてありがとうという気持ちです。先生は15日間みんなと過ごしてみて，みんなのことがますます大好きになりました。これからの1年が本当に楽しみでワクワクします。

　村上さん，小田さん，久保さんは一番前の席で先生の話を熱心に聞いてくれます。3人はそれぞれ発表に対して，自分で目標をつくり，葛藤しながらも発表できています。自分と向き合って，乗り越えていける人は大きく伸びる人ですね。

　草野さんや松田さん，山崎くんの黙々と掃除をしている姿をよく見るようになりました。限られた掃除時間に自分にできることを考えて行動できることは，実は，勉強にもつながります。

　伊藤くんと神田くんは授業中のおしゃべりがなくなりました。そして，切り替えもどんどん早くなってきています。先生は自分自身，切り替えが早いなと思いますが，2人も随分と切り替えが良くなってきています。

　岸本さんや新垣さんは自分がわからないことをしっかり質問できます。わ

からないことをそのままにすることは勿体ないですね。わからないことをわからないと言えたり，質問できたりするだけで，いろんなことの理解が深まります。

　今日は，朝入ってきたら朝の会でシーンとしていました。どの子も自分で自分をコントロールできたんですね。そのことがすごいなあと思ったし，人の学習権を大切にできる姿は本当に素晴らしいし，こういうクラスは伸びていくなあと感じています。

　さて，明日からゴールデンウィークです。10日間もあります。せっかくのゴールデンウィークだから，宿題はあまり出しません。でも，社会科のノートにいろんな発見・疑問を書いてみてください。それに対する自分の予想を書いてみてください。理科のノートにあなたの発見した春の自然を書いてください。これは宿題ではありませんから，やらなくてもいいです。でも，本当の勉強というのはこういうものです。身の回りに「あれ？」「なんで？」をたくさん発見して，それに対する自分の考えをもつ。それこそが本当に大切な勉強です。家の人とぜひチャレンジしてみてくださいね。

## 通信のねらい

　1か月間のまとめとして，4月の振り返りを書きます。そこでは，惜しげもなく，子ども達の成長を伝えます。ここまでの通信を読んできてもらってわかると思いますが，僕は学級通信で子ども達の頑張りや小さな変化をたくさん伝えます。「大好き」などの言葉も多く伝えます。

　こうしたことを伝えなくても人は感じるものだという人もいるかもしれませんが，僕は，毎日のように子ども達に自分の愛をたくさん伝えます。

　僕が教師になったのは子どもを追い詰めるためでも，叱るためでもありません。子どもが大好きで，一緒に過ごす時間を楽しみたかったからです。だからこそ，その気持ちを子ども達には一生懸命伝えます。

**15**

# 保護者の方へ…褒めてください！

保護者の力を借りる

## ◆今日の学習参観「社会科　村から国へ」

　6年生になり，社会科は歴史になりました。歴史の学習では，地域の町名に関して調べ，自分達の住んでいる町の名前が何時代に，どのようなことがきっかけでつけられたのかを調べました。

　地域の歴史を簡単に学んだ後は，縄文時代と弥生時代のくらし（衣食住）を調べ，どのような時代で，どのように生活が変化したのかを考えています。

　今日の授業では，弥生時代が進むと人々の生活はどう変化するのかを調べます。そして，これまで調べたことをもとに，「縄文時代か弥生時代，どちらで生活をしたいのか？」を考えていきます。

　縄文時代は狩猟・採集中心の生活。弥生時代は，そこに耕作が加わります。それによっての生活の変化や身分の差も生まれます。

　この話し合いのテーマを深める中で，子ども達があることを理解できれば授業の成功です。是非，保護者の皆さんも子ども達と一緒に考えてみてください。子ども達と保護者の皆さんとの相談タイムもありますので，よろしくお願いします。

## ◆参観日の保護者の方の感想を紹介します

・いろんな人と話し合いをする場面があり，みんなが授業に集中しており，良かったです。お家の人とも話をする機会があり，授業に参加できて，あっという間の時間でした。ありがとうございました。

・今までテレビの大河ドラマなどでは歴史に触れる機会はありましたが断片的で流れとしての歴史に触れるのは初めてだったのでとても楽しかったし，

これからがすごく楽しみと本人は言っていました。歴史には魅力がたくさん，楽しいので，ぜひ嫌いにならず楽しんで学んでほしいと思いました。

・参観で感心したことは，子ども達の発表が考えを述べるだけでなく，自分の考えを相手に伝え納得させるまでに進化していたことです。これからディベートやディスカッションに発展していくのが楽しみです。また友達の意見を聞く姿勢もしっかりと耳を傾けて素敵でした。スライドショーでのクラスの様子，楽しそうで見ている方も笑顔になりました。ありがとうございました。

## 通信のねらい

　多くの子どもが一番喜ぶのは，やはり自分の家族に褒めてもらった時ではないでしょうか。僕自身は学習参観の感想をいつももらうようにしています。そのために参観日には，その日の学習内容を簡単にまとめたものと，教科書のコピーを置いておきます。

　また，保護者も授業に参加する時間を設け，子どもがどのような学習をしているのかを真剣に見てもらえるようにしています。そうすることで，「なんで発表できないの？」という保護者の気持ちも，「こんな難しいことなら仕方ないなあ」となることが少なくないからです。

　高学年になり，話す機会が少なくなってくる子もいますから，そうした家族の声を子ども達に伝えたいと考えています。保護者も，日常は忙しくてなかなか褒める機会が少なくなっても，紙に書く場合は落ち着いて，その頑張りを伝えることができます。もちろん全ての子どもがメッセージをもらえたらいいのですが，もらえない場合もありますので，その場合の配慮はしなくてはいけません。

**16**

# 学級目標をつくろう

子どもの意欲を高める

## ◆学級目標を考えよう！

　みんなはこの学級をどんな学級にしたいですか？　先生はいつも，こんな教室にしたいなというものがあります。まずは，その絵本を2冊，みんなに読みますね。先生は，「一人一人が違いを大事にする中で自分が好きになれるクラス」。そして，「自分の幸せと相手の幸せのバケツをいっぱいにできるクラス」です。

　人と比べるようなことはいりません。あなたがあなたとして一生懸命生きる。1人ができることに限界を知りながら，だからこそ一生懸命生きる。仲間と共に一生懸命生きる。教室がそんな場所だといいなと思います。誰かと競争しての1番にならなくていい。この教室では，みんなが一流を目指してほしい。そんな風に先生は思っています。

　「1番は1人しかなれない。一流は全ての人がなれる。」

　このキーワードから，まずは一人一人で学級目標をつくってみましょう。

> みんなから上がってきたキーワード

楽しい・キラキラ・人財・志事・ハッピー・仲良し・思いやり・失敗を恐れない・明るい・楽しい・元気・みんなで・楽しむ・前進・頑張る・素敵・幸せ・いっぱい・ムード・友達・幸せのバケツ・喜ぶ・明るい・ニコニコ・太陽・笑顔・仲間と協力できる・つながり・周りのことまで考える・一人一人がいいムードをつくる・一生懸命・助け合い・男女関係なく・ムードを大切に・安心・きずな・メリハリがある・真剣・嬉しい・友情・話し合える・わからないことは質問する・感謝・団結力・笑顔が絶えない・楽しめる・十人十色・挑戦・全力・一流

## ◆ムードをつくり出すのは「あなた」です！

　水曜日に「人はルールに従うのではなく，ムードに従う」という話をしました。そして，そのムードをつくり出すのは，あなた達一人一人だという話をしました。もちろん先生もその1人です。教室のムードはこの41人でつくるものです。この41人の足し算だったり，引き算だったりします。ぜひ，みんなで足していきましょうね。

　この話をした後，加藤くんがテストを回してくれた友達に「ありがとう」と言っていました。すぐにこうして行動に起こすって素晴らしいなと思います。帰りには，酒井さん，井上くん，安田さん，奥井さん，中山さん，坂本くんなどがみんなの靴の裏についていた土が廊下に広がっていたのを掃除してくれていました。どんなムードを教室に，授業につくり出しますか？

　　　　①明るく，温かいムード　　　　②暗く，冷たいムード

　それぞれの意識でどのようにもムードはつくれますよ。少しの意識の積み重ねでつくれますよ。ぜひ，みんなも意識してやってみてくださいね。

### 通信のねらい

　学級目標は毎年，5月から6月につくります。そして，その目標は時期によって変わることもあります。僕自身が子どもに無理なことは無理しないことを伝えた上で，目標を設定してほしいと考えています。また，4月に決めるとずっと一緒という学級が多いですが，飾りになっているなら意味がありません。目標は目指してこその目標です。達成する魅力がなくなったり，別の目標が出てきたりしたなら，それを目標にする方が効果があります。

　そして，学級目標には，「いつも元気で」や「みんな仲良く」などの不可能なことは入れないようにしています。人はいつも元気でいなくていいし，全員と仲良くするなんて不可能です。ただ，全員と協力する工夫はしようと話しています。少なくとも学級目標によって子どもが追い詰められないようにすること，子どもの意欲が高まるものとして扱う意識が大切です。

**17**

# 運動会の練習で光る姿

練習が始まってすぐ。どんどん褒めて，やる気を高める

◆**運動会の練習が始まりました！**

いよいよ運動会に向けての練習が始まりました。始まって1日目で感じたのは，みんなの「良いものにしよう」という集中力と多くの人が楽しんでいる（ふざけるとは違う）という空気感です。一人一人の表情を見ているとそれが伝わってきました。

みんなはこの運動会でどんな自分になりたいですか？　本番，どんな風に踊っていたいですか？　それを毎日思い描くといいですよ。そして，そこに向け，今日できる一歩を小さくていいから踏み出していきましょうね。ポイントは，自分に期待しないことです。期待しないで，希望をもつことです。人は期待をするとがっかりします。だから，期待はしないことです。そうではなく，希望をもちます。希望をもてば動けますから。ここの話は，今日教室で詳しく話しますね！

今回，本庄くんは練習に最初から全て参加しています。これって本当にすごいです。成長を感じます。自分のできることを精一杯している人は輝いています。うまいとか，へたとかではなく，そりゃできることに越したことはありませんが，こうして自分のできることを一生懸命している姿こそが輝いていますね。同じように河合くんが最初から練習に全て入っている光景もキラキラとしています。すごいですよね。表情から「やるんだ！」と自分で決めたんだなと感じています。自分で決めた人は強くなれます。人に言われてやっているのではなく，自分のできることを自分らしくやっていくんだと決めると強くなれます。

さて，この2人がここまで頑張れているのはなぜでしょうか。それは周りのみんなの支えがあるからです。人は，1人でできることなんて所詮10％も

ありません。それが100％になったのには，もちろん本人の変化もあります
が，クラスのみんな，家族，先生方などなど，たくさんの支えがあるからで
す。例えば，今，本庄くんの横の席は伊藤くんです。授業中，いつもペアト
ークで支えている姿があります。河合くんの横の松山さんも，河合くんの状
態に合わせてかける声を考えています。２人とも必ず声をかけるけど相手の
状況に合わせてどこまで一緒にやるのかを考えています。こうした行動があ
って，２人は安心して教室で学べるようになっています。そして，伊藤くん
と松山さんは，思いやりとはどういうものかを学んでいます。だから，やっ
ぱりお互い様なのです。

　人は，自分自身が決めて動かないと変化できません。でも，１人では変化
できません。その時には，支えがいるわけです。その支えや思いやりが増え
ているのがこのクラスです。

　月曜日も金山さん，森井さん，今中くん，仲間さんが放課後，１年生の教
室や廊下を掃除してくれたようです。こうして，その思いを他の学年，学校
まで広げている人もいます。先生は，そんな姿を見て，本当に感謝です。あ
りがとうございますという思いです。先生一人では，何もできません。所詮
10％ですから。みんなのこうした一人一人の行動で，素敵な教室，素敵な学
校ってできていきますね。

## 通信のねらい

　運動会の成功はゴールではありません。ですから，運動会を通して一人一
人が成長できるように考え，声をかけていきます。こうした行事では，これ
まで見えなかった子どもの言動が見られます。それを見逃さず，プラスの評
価をしていきます。その際は，変化・成長した子だけでなく，その子がどの
ような支えの中で変化・成長したのかを，必ず伝えるようにします。そうす
ることで子ども同士の信頼関係が深まり，行事を通してクラスの雰囲気が良
くなっていきます。

# 18

# ちゃんとの違いを意識する

人それぞれ基準が違うことを理解できるようにする

## ◆人によって「ちゃんと」は違うから

　先週はキム先生の代わりにいろんな先生が4の1に入ってくれました。その1週間はみんないろんなことを感じたようですね。普段以上に一生懸命学べた人もいれば，普段とは違いうまくいかなかった人もいます。中には先生がいない時こそ「しっかりしないと」と思い，頑張ってくれていた人もいたようです。どの子もあなたなりに一生懸命に取り組んでくれたんだろうなと感じています。ありがとう。

　さて，今日は，「しっかり」「ちゃんと」ということについて考えたいと思います。この「しっかり」とか「ちゃんと」というのは，人によって違います。

　例えば，「しっかり座ってください」と言われるとあなたはどんな風に座りますか？　隣の人と全く同じですか？　足の位置も，手の位置も，腰骨の張り具合も同じですか？

　ここが難しいところで，普段から「しっかりしなきゃ」「ちゃんとしなきゃ」と思っている人や，「しっかりしなさい」「ちゃんとしなさい」と言われている人，そして，何かができた時だけ褒めてもらえる人は，人に対して「ちゃんとしいや」と注意することが多くなってしまうのです。言うことは悪いことではないのですが，人と「ちゃんと」の基準が違うので，相手を不快にさせたり，傷つけたりすることもあります。あなたの「ちゃんと」は相手にとっての「ちゃんと」と違う場合があるので，ここは意識しないといけません。

　では，どうしたらいいのか。それは二つ方法があります。一つ目は，「優

しくより親切にする」ということです。

「優しい」というのは，相手がどんな状態でも，あなたが良いと思うことを相手にします。この場合，相手にとっては必要ないこともやるので，優しさという押し売りになってしまうことがあります。しかも，相手はあなたの優しさからやってくれているのもわかるので断りにくいです。

「親切にする」というのは，相手は今，何をしてほしいのかな，どんな言葉がほしいのかなと考え，そこに合わせて行動することです。これは自分のこだわりの形ではないので，してもらった相手も喜びますね。

二つ目は，ちゃんとを伝える時に「感情にYES，行動にNO」をすることです。最初に「それダメだよ」ではなく，「どうしてそうしたの？」とか，「そうしてしまう気持ちはわかるよ」など，相手の気持ちを理解する一言が大切です。ついつい，ここを飛ばして注意してしまうことがありますね。「注意する」という感覚ではなく，「会話する」ということを意識できると良いなと思います。


4年生には難しいかもしれません。でも，少しずつでも良いから，この二つを意識していくと，教室はますます素敵になっていくし，あなたも素敵になっていきます。

## 通信のねらい

　こうしたことを子ども達が意識できるまで，丁寧に何回も何回も伝えるようにしています。どんな子も一度でわかるなら，教師という職業は必要ありません。僕ら教師の役割は，子どもが納得できるまで，そのように行動することの意味や価値，そして，方法を伝えていくことです。

　教師が子どもが変化しないことを諦めるのか，子どもが教師の根気に負けて変わるのか。そんな風に，ある意味，どちらが最後まで諦めないのかだけなのかもしれません。

**19**

# ダンスにはどう取り組むの？

練習の中で何をどこまですればいいのかを明確にする

## ◆あなたのダンスはどの段階？

水曜日に教室でグループごとに踊りました。まずは，この短期間でよくダンスを考えて，覚えられたなあと感心しています。これは，リーダーがみんなの意見をよくまとめ，素晴らしいなと感じています。ただし，みんなの運動会での目標は「自分達でダンスを考えること」ではなかったと思います。このダンスを通して，何か誰かに伝えたいのだと思います。それは何かを今改めて，考えてみてくださいね。先生はこのダンスが完成するまでに下の5段階があると思います。

| | | |
|---|---|---|
| 第1段階 | まだ覚えていない | （わからない） |
| 第2段階 | ようやく覚えた | （教えてもらいながら解ける） |
| 第3段階 | 思い出しながら踊れる | （自分で解ける） |
| 第4段階 | 音楽に合わせて体が勝手に動く | （他の例題も解ける） |
| 第5段階 | 人を魅了するダンス | （人に説得力ある説明ができる） |

多くの人は第3段階くらいで「できた！」と言って練習をしなくなります。でも，それはただ踊れるだけで，人に伝わるものも小さなものです。

ここから第5段階に行くまでには，先日紹介した詩「何度も何度も」です。この「何度も何度も」をする時のポイントなんですが，「義務感」でしないことです。そうではなく，楽しんですることです。楽しむためにはいろんな方法があります。1人での楽しみ方もあります。仲間との楽しみ方もあります。緊張感をあえてつくってみることも，期日をつくってみることも，テストをしてみることも，思いっきり大げさに踊ることも，一つの手段です。リーダーの人はここで考えることです。せっかくリーダーをする機会です。

「みんなで高まっていくのに，私ならこうする！」と考えてみてくださいね。

## ◆ここまでで最高のダンスでした！

　昨日のダンスはとてもよかったですね。みんなの笑顔も，出す声も，ダンスの揃い具合も最高でした。それはここまでダンスを頑張ってきたみんなの力ですね。フラッグチームは，森くんや下山くん，古田さんが一生懸命考え，みんなに教えてくれたおかげで，とても揃っていました。フラッグチームは練習も大変だったと思います。どのように練習したらいいのかがわからなかったと思うし，なかなかダンスも決まらなかったです。そんな中，3人はよくチームを引っ張ってくれました。

　ダンス2のチームの田村くんのダンスは以前より大きくなっていて，指先までしっかりと力が入っていました。佐々木くんも笹くんも休み時間もしっかりと練習し，大きく踊れています。あとは一人一人の動きが揃っていくと完璧ですね。

　ダンス1では，みんな，以前よりもダンスの時の笑顔が弾けていました。いやあ，ここまでいくのだなあと想定外だったので，先生も驚いています。すごいです。このダンスをみんなで考えたんだと思うと，感動もします。これだけの力をもっているみんなだから，これから1週間でどれくらいまでなるのかなと思いました。1曲目のマスゲームもどんどん上手になってきましたね。みんなの気持ちが揃うとこんなにも上達するんだなと感じています。

### 通信のねらい

　「何をどのように，どこまでは子ども達にしてほしいのか，どんな風に取り組んでほしいのか」が教師側にあるのなら，子どもに具体的に提示する必要があります。「ちゃんとやりなさい」では，子どもはなんのためにすればいいのか，どうやってすればいいのかわかりません。この段階で褒めることは，ダンスでみんなに意識してほしいことでもあります。

**20**

# 自主性を高めるために

自主的に取り組める子をクラスの中に増やす

## ◆ダンスから感じたこと

　金曜日は運動場でダンスを通してやりました。先生は，「来週くらいにギリギリ間に合うかなあ」と思っていたので，全ての演技が通せた時にみんなの集中力，演技を良いものにしたいという気持ちを感じました。

　練習を終え，職員室に帰ってくると，ひまわり教室の山内先生と玉山先生がみんなの演技の良さを話してくれました。山内先生は，「踊りながら笑顔が溢れていて，見ているこっちまで笑顔になるね」と話されていました。玉山先生は「マスゲームのクロスがとても綺麗ですね」と話されていました。

　金曜日はダンスを通している時に玉山先生から「笑顔で踊ろう！」などの大きな声が聞こえましたか？　先生は，17年間，先生をしていますがこうして担任の先生以外の先生が一生懸命応援している姿は初めて見ました。それだけみんなの演技が素敵なこともありますが，たくさんの人に支えてもらえているということもありますね。

　山本くんは最初のダンスがとても力強く，キレ良く，前から見ていても格好良かったです。田村さんも笑顔がたくさん出てきて，踊ることを楽しんできていることが伝わってきました。山川さんは曲に合わせて体が自然に動いているので，踊りが随分ダイナミックになっていますね。みんなのダンスを踊っている時の表情，目線も自信にみなぎっていました。当日がますます楽しみです。

## ◆やる気が起こらない人も…

　踊りに躍動感があるのは木本さんですね。大山さんも踊りが大きくなってきたし，笑顔も出るようになってきています。奥村さんのダンスはすごく良

くなってきましたね。上田さんもキレ良く大きく踊れています。夏井くんも
みんなと動きが揃ってきて，息が合ってきましたね。

　ちなみに先生は小学校時代，ダンスが苦手だし，あまり好きではありませ
んでした。そんな中，周りの友達が熱心になるとなんだか居心地が悪かった
のを覚えています。ダンスが好きな人はダンスが苦手な人の気持ちを。ダン
スが苦手な人はダンスが好きな人の気持ちを。それぞれの人がどんな気持ち
で運動会を迎えるのかを想像してみてください。そうすれば，お互いがお互
いにどんな言葉をかけるといいのかがわかりますね。

　大切なことは，その場を楽しむ工夫をすることです。それぞれが満足でき
るレベルがあります。そこまできたら，ダンスの上達を目標にするのではな
く，仲間と楽しんで踊ることを目標にするといいですね。

## 通信のねらい

　人は誰もが目標に向かっていく時に現状はどこなのかを知りたいものです。
その現状がわからなければ，目標に向かってどんな努力をすればいいのかも
わかりません。そのために僕は子どもの練習風景を給食の時間や朝の会の時
間に見せるようにしています。そして，その中での気づきをグループのメン
バーでシェアするようにしています。

　運動会での団体演技を僕は毎年，6人グループで練習しています。大切な
ので何回も書くのですが，ゴールは運動会ではありません。運動会の団体演
技を通して，子どもが成長することやクラスメイトの人間理解ができればと
考えています。また，ダンスが苦手な子，嫌だという子もいます。その子達
の教室での居場所をつくることやその気持ちの理解を示すことも大事です。
行事に一体感が生まれれば生まれるほど，苦しい人も必ずいます。誰もがそ
の気持ちを理解され，お互いが楽しめるムードをつくれるようにと考えてい
ます。

# 「これくらいでいいかな？」のもう一歩先へ

### 様々な人の言葉を借りながら，子どもの意欲を高める

## ◆神は細部に宿る…

「神は細部に宿る」とは，ドイツ生まれの有名な建築家が好んで使った言葉だとされています。建築とは，ほんの少しでも細部に欠点があれば，全体の印象を落としかねないデリケートな面があります。細部まで配慮された物は，何でも気持ちが良いもので，美しく，時に人を感動させる力をもっています。

以前，先生は宮大工の方が書かれた本を読み，その中で神社は屋根裏も表の見える部分と同じようにピカピカに磨き上げると書いているのを読みました。それはなぜか，見えないところまで意識することで，全体が美しく見えるからだそうです。

昨日のみんなの最後の講堂での演技は，まさにそれでした。見えないところまで意識されていました。最後の三角形のところになるとほとんどの人は体の一部しか見えません。でも，先生の目にはそこで必死に踊る子の表情が飛び込んできました。その瞬間，胸が熱くなり，この演技は本当に素敵だなと感じました。そして，細部ですから，指先や足先をどれだけの人が意識しているかが大事だということです。一人一人の意識がどこまでいくのか，本番がものすごく楽しみです。ここまで，できるみんなを先生はただ素直にすごいなと思います。

昨日は，放課後，酒井教頭先生が，「本当に綺麗やねえ。近年，稀に見る感動する，見ているだけで笑顔になるダンスやわ」と話されていました。保健室の山本先生は「日に日にみんなの表情が真剣になってきていて，なんだ

か感動します」と話されていました。見ている人をここまで魅了できる，みんなのダンスってすごいね。

　先生は日々，厳しいことを言っていますが，心の中では大絶賛です。しかし，まだ伸びるとも思っています。あとはね，集中することです。みんなで集中して空気をつくることです。一つ一つの小さなことにこだわるには，厳しさが必要です。それは，人からの厳しさではなく，自分自身への厳しさです。「これくらいでいいかな？」という満足感のさらにもう一歩先に自分はいくんだという自分への厳しさです。
　それができれば，みんなの演技はもう一つレベルが上がっていきますよ。そして，それこそが「あなたらしさ」だと思います。
　1曲目は規律を守り，協力することの美しさを。2曲目はみんなが揃えることの美しさを。そして，3曲目で自分達でつくり上げる素晴らしさや楽しさと一人一人の自分らしい美しさを表現してもらえたらと思います。
　いよいよ最後1日になりました。みんなの最高の演技を楽しみにしています！

## 通信のねらい

　こうした行事では，いろんな先生が自分の学級の子どもに日常より多く関わります。教室で僕のやり方や考え方に全ての子がマッチすることはありません。僕のことを苦手だな，やり方が嫌だなと感じている子もいます。それが当然です。ですから，こうした行事では，僕の気持ちだけでなく，周りの先生方がどのように感じているのかも書いています。特に関わりの少ない特別支援学級や教頭先生などとの関わりが生まれるようにしています。
　子ども達が現状で満足しないためには，子どもが（あっ，そこまでやってみたいな）と思うことが大切です。そのためには，教師自身の目標設定を細かくもっておくことも大切ですね。

22

# 運動会の本番の頑張り

それぞれの頑張りを伝えると共に，楽しむことを伝える

## ◆いよいよ運動会ですね！

綺麗な秋晴れのもと，これまでの練習の成果を十分に発揮してくださいね。みんなにとって小学校生活最後の運動会です。ぜひ，楽しんでくださいね。みんなと一緒に先生も運動会を楽しみたいと思います！　先生は，今日はもう何もできませんが，皆さんに一言ずつ言葉を贈りたいと思います。応援しています。

---

修…旗の振りや立ち位置を早く覚え，自分の役割を完璧に果たせているね。本番，楽しんでね！

太郎…休み時間も練習しながら仲間と協力して，たくさんの振りつけを覚えたね！　笑顔全開でね！

風香…放課後も一生懸命練習して，音楽に身を任せて楽しそうに踊れているね。最高の笑顔でね！

舞…旗をもって自信満々に演技をしている時の表情が輝いています。本番は誰よりも楽しんで！

遥…仲間と何度も踊った時間は嘘をつきません。キレ良く，本番を輝く笑顔で楽しんで踊ろう！

彩月…放課後も残って色んな練習していたね。そうした行動が彩月を成長させてるね！　楽しんで！

縷々…踊っている時の笑顔を見れば，どんな気持ちか伝わってくるね。本番も最高の笑顔でね！

大輔…リーダーとしてダンスを中心になって考え，素敵なダンスができました。本番，楽しもう！

優花…一番前で誰よりも躍動して，輝く笑顔で踊ろう。優花ならできるよ。今日の本番，楽しみ！

花音…体は離れていても心は一緒。頑張っているのがみんなの頑張りにもつながります。それが仲間。

翔…最初から最後までしっかり練習に参加できたね。行進の時の足が格好いいです。楽しもう！

由唯…誰が見てても見てなくてもできることを一生懸命やっていたね。楽しそうに踊れているね！

彩花…みんなの前で1人で踊ってくれて全員の演技を良くしたね。笑顔，元気を爆発させてね！

望…前で見ていると大きくキレ良く踊っている姿が目を惹きます。魅了するダンスをしてね！

琉璃…ダイナミックな踊りで誰よりもダンスを楽しんでるね。楽しむことを大切に本番もいこう！

奈美…早くダンスを覚えて，いろんな子に教えてくれました。笑顔全開楽しんで，輝くダンスで！

---

大幸…周りの子のアドバイスを活かしながらどんどん上手になっていったね。本番を楽しんでね！

大輝…うまくいかなくても何度も何度も踊って，ダンスを自分のものにしたね。楽しんでいこう！

（※実際の学級通信では，全員分掲載していますが，残りは紙面の関係で省略します。）

　ここにたくさん書いたのは「楽しもう！」という言葉です。今日までのみんなの頑張りを見て，先生が伝えたいことはそれだけです。ダンスだけでなく，リレーも，騎馬戦も楽しんでね。

　所詮10％の僕たちです。うまくいかなくて普通。うまくいったら奇跡です。できることは目の前のことに一生懸命，楽しんで取り組むだけですね！

## 通信のねらい

　本番前ですから，たとえ短くても一人一人こんなことを頑張ってきたねと伝えたいと，毎年こうした学級通信を作成しています。

　ここで気をつけたいのが，教師は表現活動に時間をかけてきた分，思いも入っていますが，子どもの中には赤白どちらが勝つかや個人競技，団体競技の方が楽しみという子もいます。そして，忘れてならないのが，運動会がそもそも嫌だと感じている子がいるということです。

　多くの人の前，自分で選んでもいないのに決まった距離を走らされ，大勢の前で順位をつけられる。そうしたことは僕自身ならすごく嫌だなと感じます。そうした子が教室に確実にいることを感じています。

　これを書いたのは，教師が盛り上がってはいけないと言いたいのではありません。むしろ逆です。運動会が本当に好きな子もいますし，1年で一番燃えるという子もいます。だから，教室では，いろんな気持ちの子もいるということを伝えてほしいなと思います。だから，「頑張ろう」ではなく，「楽しもう」と書いています。楽しむ工夫をそれぞれの立場でできるようになる。これが僕が行事で子どもに育みたい力の一つです。

**23**

# 最高の運動会をありがとう！

ここまでの頑張りを喜び，これからの毎日に活かせるようにする

## ◆運動会を振り返って

　小学校生活最後の運動会が終わりましたね。こうして，大きな行事が一つ一つ終わっていく中でみんなの成長を見られる喜びと卒業の足音が聞こえる寂しさといろんな気持ちが入り乱れています。昨日の運動会，みんなの様子を見ていて，先生はとても感動しました。ダンスの2曲目で涙が出てきました。ここまで頑張っていたことやそれぞれの葛藤，そして，それでも前を向いてチャレンジしている姿に感動をもらいました。ダンスだけでなく，騎馬戦も，リレーも，応援も，いろんな場面で今のあなたがしっかり出た素敵な素晴らしい運動会でした。6年生の素晴らしさを，他の学年も感じていたように思います。こうして，みんなはだんだんと○○小のリーダーとしても成長しているんだなと感じました。感動をありがとう！

　さあ，今日からまた楽しんでいきましょう！　運動会で学んだ，グループで取り組む時のポイントや目標に向かっての努力の仕方は運動会が終わった後にも活かせます。ここからが，楽しみですね！

## ◆保護者の方の運動会の感想

- みんなの一生懸命頑張る姿にとても感動しました。ここまでできるようになるまで，たくさん練習したんだろうなと思うと涙が出ました。
- ダンスには感動しました。みんな良い顔をしていて，動いている姿はとても良かったです。フラッグの揃った音は気持ちの良い音でみんなが一つになっている感じでとても素晴らしかったです。暑い中，集中力を切らさず，やり遂げ，さすが6年生だと感じました。
- 団体演技を上から撮ってくれていたお母さんがいて，後からその映像を見た時，この短期間で雨も多く，練習量も少ない中，どうやってこの統一感を出したんやろう？こんなに全員がちゃんとダンスを完璧に覚えていて，どうやって？と不思議に思うくらい，本当に素敵で感動しました。
- どの種目も練習の成果を感じました。フラッグは誰一人としてダラダラとしておらず，旗の一振り一振りが機敏な動きで格好良く，行進・整列も揃っていて素晴らしかったです。リレーも騎馬戦も一生懸命走ったり，組み合ったりとさすが6年生迫力がありました。今回の運動会で一番心を打たれたのは応援歌「ゴーゴーゴー」でした。6年生からの大きな歌声‼それに引っ張られるようにその他の子達も大きな声で歌っていたように感じました。全校児童の歌声，本当に心に響きました。先生も子ども達もお疲れ様でした。素敵な運動会をありがとうございました。

## 通信のねらい

　集合写真は子ども達の運動会後の充実した顔がいっぱいでした。その写真を見た保護者から「息子のこんな笑顔はこれまで見たことないです」と言われたことがあります。文字では伝わらないことが写真で伝わることもあります。

　子ども達が1か月頑張って練習してきて，最高の本番を迎えたことを褒めたり，感動したことを伝えたりしながら，ここからの日々につなげていく意識が大切です。

# 社会見学に行こう！

### 社会見学でのねらいを明確にもたせる

## ◆何を見ますか？

　明日，木曜日は4年生になって初めての社会見学に行きます。場所は東淀川焼却工場です。工場を見学するにあたって，社会科の時間は，何を見るのか，何を質問するのかを考えました。これはとても大事で，何か調べごとをする時には，何を調べたいのかをはっきりさせておく必要があります。そうしないとボーッと見ることになり，結局，何を見学してきたのかがわからなくなります。何を調べるのか視点がはっきりしていると，工場に行っても，意識して見るようになります。何を調べたいかをもっているかもっていないかで，見えるものが大きく変わってきます。普段はなかなか見られない場所なので，ぜひ，楽しみにしておいてくださいね。

　みんなが見学をするために，わざわざ時間を割いてくださっているのはなぜか考えてみましょう。今日はそれをペアで話してみてくださいね。

　さて，学習時間のみんなの成長をここ最近はよく感じています。何より発表しようという気持ちが溢れています。最近は，授業の中で時間が足りなく

て，発表したい人に手を下げるようにお願いするような場面も増えています。授業をしながら，4月からのみんなを見ていると大きな変化を感じます。それがとても嬉しいです。それはなぜか？　それは，みんなが自分自身を大事にしていることが伝わるからです。自分を大事にしている人は世の中からも大事にされますし，自分を粗末にする人は世の中からも粗末にされます。どんな場面でも，自分を大切に労ってあげてね。それがみんなの成長につながっていくからね。

### ◆授業の中でのキラリとした姿！

　井本さんはこれまでの学習を活かして，疑問に対する予想ができました。これは，社会科での大切な力です。馬場くんは1枚の写真から様々な気づきをし，そこから疑問を考えることができました。島内さんや松川さんはペアトークで出した意見を，全体の場でも全体に聞こえる声で堂々と発表できるようになってきています。森山くんは自分の考えを何とか伝えようと自分の言葉で一生懸命表現し，それをみんなが真剣に聞いていました。石井くんや霧島くんのノートには，自分の調べたいことがしっかりと書かれていました。

## 通信のねらい

　社会見学に行く時に，どのような視点で見学するのかを授業で板書したら，それを学級通信に掲載します。そうすることによって，何を見るのかを明確にもったまま見学に行けるようにします。しおりに書かせることもいいですが，書けない子もいるのでこのように板書の写真があるとその子たちは助かります。

　また，見学をする際には，必ず施設側の方がなぜ子ども達に施設を見学させてくれるのかを考えるようにしています。そうしたことは，教師がダラダラと語るより，子ども達が自分達で考えることが大切です。何事も少し考えれば，子ども達は自ら動きます。そのきっかけをつくるのが教師の役割です。

## 25

# 校外活動後に伝えたいこと
### 子どもが意識できないことを意識できるようにする

### ◆成長したね，4の1

　昨日は社会見学に行きました。まず，先生が感じたことは，みんな成長したなあということです。この写真を見てください。2列になって綺麗に歩けています。先生が声をかけなくても，久保さんや茂山さんがみんなに声をかけ，自転車に乗っている人に道を譲っている姿を何度か見ました。先生が見た範囲なので，他にもいるかもしれませんが，これは自分のことだけでなく，周りのことが見え，考えられるようになってきている証拠ですね。4年生でここまでできれば大したものですね。電車の中でも工場でも，その場で何をするといいのかを自分で考えることができていましたね。

　さて，東淀川焼却工場の見学はどうでしたか？　驚きの声がたくさんあがりました。みんなの見学の様子を見ていて，興味をもって見学したので，質問する内容や知った時の感動も大きかったですね。学級通信25号で書いたようにどの授業でも同じですね。自分の中で「よしやるぞ！」「知りたい！」「わかりたい！」「悔しい！」と思うだけで，スイッチが入ります。学ぶということは自分でスイッチを入れなければいけません。

　人が伸びる時にはサンドイッチであることが大切です。自分を挟むように「①どうなりたいかという目標」と「②くやしさ」が必要です。こうして①と②に挟まれた時，人は大きく成長します。わからないことのくやしさ，できないくやしさなど，くやしさはエネルギーになります。そのくやしさも勉強には大切ですよ。これからの4の1がますます楽しみです。

　そうそう。この社会見学をするにあたって，みんなの知らないところでいろんな人が支えてくれています。今日はそれを話しますね。

## ◆気づく人になろう（6年生の行事後の通信）

　火曜日は長居陸上競技場へスポーツ交歓会に行きました。W杯や世界陸上が行われた舞台を走ったり，芝生の上でサッカーをしたりと貴重な経験ができましたね。他の学校とも交流して，たくさんの笑顔が見られました。さて，みんなが楽しい時間を過ごしたあの場を朝の早い時間から準備し，遅くまで片付けをしてくれた人がいることに気づきましたか？　昨日は校長先生が早くから行って準備してくださったり，みんなの切符を須田先生が買いに行ってくださったりしました。その切符の代金は事務職員の加藤さんが事前に銀行でおろしてくださいました。そうしたことに気づいたなら，お礼を伝えられるといいな，そんな人になってほしいなと思います。

　他にも，昨日は作品展の作品を置きに行きましたね。作品を置く台の準備やみんなの絵を掲示するのを川上先生が手伝ってくれました。当たり前ではないことに気づき感謝を伝えられる人とそうした人の動きに気づけない人とでは大きな差が生まれますね。みんなには前者のような人になり，生きていってほしいなと思います。

### 通信のねらい

　校外活動では，集団で移動する時と個人で移動する時の違いを事前に話し合います。個人で行く場合は小さな声のおしゃべりだから迷惑にならなくても，100名近くの人間が小さな声で話すと大きな雑音になります。個人で町の中を歩く時と集団で歩く時も意識することが違います。こうしたことは，子ども達に話さなければ，意識ができません。何事も「思いやりましょう」という雑な指導ではなく，何をどんな風にするといいのかを話し合うと子ども達も行動できるようになります。

　また，話さなければ意識できないことの一つに，教職員の働きがあります。そうした見えないことを見えるようにしてあげるのが教師の役割の一つです。

㉖

# 誰の仕事でもない仕事

どうしたら，人任せにならないのかを子どもに考えさせる

## ◆誰がやるのかな？

　今日，教室にあるセロハンテープを使おうと思ったら，セロハンテープが
もうなくなっていました。ということは，誰かが最後に使ったということで
す。その人が誰かはわかりませんが，先生に一声，「先生，なくなりました」
と声掛けすればいいのになと感じました。

　この前，山川さんが「先生，けん玉が壊れています」と言いに来てくれま
した。こうして伝えてくれると，先生はどうするといいのかを考えられるし，
その人に助言もできます。ところが，他にもけん玉で遊んでいる人はいるの
に，その人達からの報告はありませんでした。


　物は壊れるし，なくなるものです。だから，壊れたり，なくなったりした
ら次のものを準備します。しかし，これを人に任せっきりになっている人が
いるのではないでしょうか。教室も，学校も，あなたが良い場所にしていく
空間です。ですから，あなた自身が動いていくことが大事です。「放ったら
かしでも平気」「誰かがやってくれる」こういう風に自分はなっていないで
しょうか。先生自身もあなた自身も見直してみましょうね。

## ◆誰の仕事でもない仕事に取り組む人

　教室には，誰かの仕事がたくさんあります。日直の仕事，掃除当番などな
ど，いろいろあります。それとは別に誰の仕事でもない仕事もたくさんあり
ます。4の1では，給食当番も誰の仕事でもない仕事ですが，他にも，電気
をつけたり，消したりすること，教室のゴミを拾うなどなど，そうしたこと
も誰の仕事でもない仕事です。

良いクラスというのは，この「誰の仕事でもない仕事」をたくさんの人が取り組んでいるクラスです。ダメなクラスというのは，この「誰の仕事でもない仕事」を少ない人，特定の人だけが取り組んでいるクラスです。4の1はどうでしょうか？

　荒川さんは，毎日給食当番をしています。4時間目が終わると，サッと白衣に着替えて，当番の列に並びます。小木さんは，給食後，配膳台の上を綺麗に整えてくれています。坪田さんは帰り，教室の机を綺麗に並べてくれています。

　教室の配り物がある時は，いろんな人が動いてくれます。最近では，教室のゴミをサッと拾って捨てる人もいます。

　こうして誰の仕事でもない仕事を一生懸命動いてくれる人が増えてきています。そういう人が増えている教室というのは，どんどん教室が温かくなっていきます。みんなが頑張っていることで，どんどん教室は良くなっていきますね。

## 通信のねらい

　教室で問題が起きることを嫌がる人がたくさんいますが，僕は問題が起きることは問題だとはとらえていません。4年生は4年生なりに，6年生は6年生なりにトラブルを経験しておく必要もあると考えているくらいです。問題が起きないことは，何か子ども達が子どもらしく行動できていないのかもしれません。子どもが全力で生きれば問題が起きて普通ですから。問題なのは，「問題」を放置したり，誰かだけを悪者にして解決した気分になっていたりすることです。なぜ，その問題が起きたのか，そんな小さなことでどうしてこの子がイライラしてしまうのか。そんなことをクラスみんなで考えていく。そんな教室がいいなと考えています。

27

# 友達同士で注意する時は

## ダメ出しするのではない伝え方を指導する

### ◆人を注意していい条件を知ろう

ここ最近，友達とのトラブルがいくつか起きています。そのこと自体，先生はクラスが良くなっていくチャンス，あなたが成長するチャンスだと思っています。良いクラスというのは，問題が起きないクラスではありません。問題は起きます。その問題から話し合いをし，自分達で学びを発見し，栄養にできるのなら，それは良いクラスです。ダメなクラスは，問題が起きたらそれを相手の責任ばかりにし，イライラしたり，どちらかが我慢をしたりして終わります。なぜ，トラブルになるのか？　それは，トラブルの多くは，それぞれがそれぞれの立場での「正義」や「正しさ」を主張ばかりしているからです。相手の立場に少しでも立てればその問題は起きないかもしれません。だから，先生はみんなを注意する時には，よく「その気持ちはわかるよ。でも…」という風に話しますよね。相手のことを理解し，共感しなければ相手は腹を立て，相手の意見を主張するだけなのです。

さて，今日は人を注意して良い条件を確認しておきましょう。人を注意して良い条件があります。それは，「自分ができている」ということではありません。自分ができていなくても構わないのです。条件は二つです。

①相手の成長，幸せを願っている。　　　②相手の変化を伝えられる。

人を注意する時やアドバイスする時には①と②を守ってくださいね。人を注意する時には「自分がスッキリするためではないか？」と自分に聞く必要がありますね。自分がスッキリするためだけの注意なら，それはしないほうがマシです。これを機会に注意して良い条件を頭に入れておいてくださいね。4の1では，Aのペア，Bのペアと話す時間が多くあります。そのペアとは1日で一番長い時間話している人だと思います。そのペアの良さは発見でき

ていますか？成長は発見できていますか？それを少し心がけるだけでもクラスのみんなの心のバケツはいっぱいになっていきますね。

### ◆自分で動いてみる

　昨日の休み時間，坪木さんが「計算ドリルをやろう」と友達に声を掛け合っていました。それだけでなく，前日，休んでいた島村さんと三河くんにわり算の筆算のやり方を伝えていました。こんな風に自分からどんどん学んでいくと，みんなの脳は「これは大事な情報なんだな！　よしできるようにしよう‼」と動き始めます。自分の脳のスイッチはこんな風に自分で入れることができます。岡山くんはわからないことは，そのままにせずヘルプを出せています。先生は，将来，生きていく時に大切なのは「ヘルプ力」だと考えています。「聞くは一時の恥，聞かぬは一生の恥」という言葉があります。わからないことを隠す人は多いですが，それでは成長はありません。その時に「教えて！」と言えることは素晴らしいです。ちなみに，岡山くんはすぐに聞くわけではありません。自分で考えて，それでもわからない問題を質問しています。それは将来に生きる素晴らしい力です。

　昨日話したように，先生から「残ってやりましょう」「休み時間，教えようか？」とは言いません。ヘルプは自分で出すことが大事です。もし，あなたが「教えてほしい」と言うのなら時間をいくらでもさきます。世の中に出たら，自分から声をかけているなど動くことが大事になってきます。

## 通信のねらい

　子どもはほとんどが未学習と誤学習です。まだ学んでなかったり，わからなったりするから「できない」「やらない」だけです。少しやり方や見方を伝えるだけで，その方向に素直に動き始めます。僕たちは何事も「なんのためにするのか」「なぜするのか」を伝えずに子ども達に強引にやらせます。子どもがダメなのではなく，大人が乱暴なのではないでしょうか？

28

# 周りの子と協力する

その行動のメリットを伝え，子どもが選択できるようにする

## ◆友達とペアになることで…

　体育では，友達とペアにならないとなかなか上達しません。休み時間に瀬戸山くんや坂井くんが鉄棒の練習を友達にアドバイスをもらいながらして上達したことも報告してくれました。そのように友達の支えがいります。やっている様子は自分でわからないので，実際に活動する人とそれを見る人に分かれて行う必要がありますね。

> 活動する人…自分のどこを見てほしいのかを伝える。
> 見る人………それができていたか，どうすればさらに良くなるか，次の
> 　　　　　　　課題は何かを伝える。

　どちらの立場になっても，頭の中でその競技や技のポイントがわかっていなければ，自分に必要なアドバイスをもらうことも，アドバイスをすることもできません。相手の上達はあなたがどのように見て，どんなアドバイスをするのかにかかってきますね。今，行っている鉄棒も走り幅跳びもコツを知っているのかが大切です。上手な人やプロの動きを何度も見ながら，どうすればうまくいくのかを考えることも必要ですね。

## ◆自分達の考えを伝える

　先日，山辻くん，津田くん，森くんが手紙を持ってきました。手紙は序論，本論，結論がわかりやすく書いてある文章で，学びを活かせているなあと思いました。こうした手紙を出すうえでのルールがあり，それを守る必要はありますが，自分達で考えて行動に移せたことは素晴らしいですね。それを先生たちの会議で今後，話し合っていきます。様々な理由でできない可能性もありますが，行動を起こしたことに意味があると先生は思います。自分達が

したいことに対して，自分達で考えて動く。そうしたことをするために，社会科を学習しています。ぜひ，あなた自身もこの学校で何をしたいか，どうしていきたいのかを考えてみてくださいね。

## ◆思いやりの幅を広げる

　昨日は朝，保健委員会の生活習慣点検がありました。ハンカチやティッシュの忘れ物が目立ちましたね。少し意識して，連絡帳に書くなどし，持ってくるようにしましょう。

　それより気になったのは，前にいる委員会の子の気持ちをどれくらいの人が考えられていたのかなということです。そして，どんな協力をしたら助かるのか，実際に行動できたのかということです。自分のことしか考えられない人がいます。友達のことを考えられる人がいます。友達以外のどんな人のことも考えられる人がいます。その幅が広がれば広がるほど，思いやる人になります。あなたは思いやる人になれていますか？

## 通信のねらい

　子ども達が行動を変化させる時は，その行動にメリットを感じた時です。また，その行動の意味がわかった時です。大人は子どもに何かを伝える時，なぜそれをしないといけないのか伝えずに子どもにさせようとすることがあります。これでもし行動を変えたなら，それは子どもの思考する力や主体的に動く姿勢をダメにしていくことにつながります。

　その行動をすることで，自分にどんなメリットがあるのかを伝えたら，あとはその子がその行動を選択するかどうかはその子の問題です。僕はそれを強制することはありません。なぜなら，そんな力は僕はもち合わせてないからです。するかしないかは子ども本人の問題だからです。しかし，これくらいある意味無責任な方が，教師自身の表情や姿勢が柔らかくなり，子どもが「やってみたいな」と思うものです。

29

# サイコロを転がすように

物事を多面的にとらえ，思考できるようにする

## ◆サイコロを転がすように

　人間，生きていると本当にいろんなことに出合います。楽しいこと，笑えること。そんなことがたくさんあればいいですが，中には一見，悲しいこと，辛いこと，失敗することもあります。先生はそんな時，自分を労わるように，自分を愛するように，そのことをとらえ直します。

　まるでサイコロを転がすようにそのことをいろんな角度から見るようにしています。自分一人で無理なら，家族や仲間に話して，他の見方ができないかを考えます。

　そうして，自分を労わり，愛することができれば，いつもエネルギッシュに生きることができますよね。そうするとそのエネルギーでたくさんの人を幸せにできますね。

　この金曜日と月曜日，先生は自分の勉強のために学校を休みました。その時に書いたみんなの日記を読み，とても嬉しく思いました。それは，うまくいかない反省だけでなく，うまくいったことがたくさん書いてあったからです。そうです。どんな時もうまくいかないことだけでなく，うまくいったことがありますし，頑張れなかった人もいれば，その中でも頑張っている人はいるものなのです。どこをどう見て，どう声を掛け合うか。それってとっても大切です。

　子どもだから失敗したって全然構いません。調子に乗りすぎて叱られても構いません。自分がコントロールできなくて，迷惑をかけてしまっても構いません。そうした経験から次に活かす学びを発見できればそれでいいのです。そうして人は伸びていくものですからね。

　この2日分の日記を読み，先生は幸せな気持ちになりました。ありがとう。

## ◆成長する時の新しい扉！（別の通信　4年生）

　金曜日はどうでしたか？　笹先生から，いろいろとトラブルがあったと聞きました。それを聞いた時，先生はいろんなことを感じました。みんなもそれぞれいろんなことを感じたと思います。もちろんいいことではないですね。トラブルを起こした人は，何が原因だったのか考える必要があります。

　先生が一番みんなに伝えたいことは，何かを失敗した時には「成長する時の新しい扉」が前にやってきたと感じるといいね。キム先生がいない時にトラブルが起こったのは，今の段階では普通です。それは成長の新しい扉です。

　4月からここまでみんなはそれぞれが一生懸命やってきました。でも，そんなに早く全てが変わるということはありません。みんなはすごいスピードで成長してきている方です。だから，金曜日みたいにトラブルがあってもいいのです。人との関わりが増えてきたら，トラブルは起こるものですし，何事も動いていたら失敗します。いちいちそこに落ち込むのではなく，次に進んでいく。それだけですよ。今日から，楽しんでいきましょう！

## 通信のねらい

　失敗したことに落ち込んだり，問題が起きるとイライラしたりする子どもが多くいます。この気持ちはわかりますが，世の中にはマイナスの問題はないことを伝え，そこから次のプラスの一歩を選択できるようにしたいと考えています。悲しんだり，イライラしたりしてはいけないということではありません。その感情が沸き起こるのは自然ですから，それでいい。しかし，そこに支配されるのではなく，次の選択で自分がより良い位置にいけるような選択をしてほしいのです。

　そのためには，日常の出来事を教師自身がそのようにとらえる姿を子どもに発信していく必要があります。それを学級通信によって言語化，可視化することで，子ども達も理解でき，同じように思考できるようになっていきます。

67

（30）

# 自分を大切にする

自分を大切にするとはどういうことかを伝える

## ◆自分を大切にする

「どうしたら自分の力が発揮できるのか？」という授業をしましたね。体を使いながら，一瞬で体に力が入ったり，抜けたり，体がやわらかくなったりしました。体を使って色々な実験をした中で最後に「自分を大切にする」と書きました。

実験の中で，前に集まって先生の話を聞く時にどの場所で聞くかで体の柔らかさ，力の入り具合が変わりました。この時間を自分のために大切にしている人とできていない人では，集合する時の切り替えや集まるスピードが自然と変わってきます。自分を大切にし，自分を伸ばそうとする人はスピードも姿勢も変わってきますね。

自分を大切にするというのは，自分を甘やかすこととは違います。だから，ダラダラしたいからといって，その自分に支配されるのは自分を大切にしているとは言えません。ただし，自分に厳しく，人に叱られないように何かをすることも自分を大切にしているとは言えません。

例えば，漢字テストの勉強の仕方で考えてみましょう。昨日の宿題で漢字テスト勉強というのが出ましたね。そこで，何回も何回も長い時間をかけて練習した。そうして100点を取ったとしましょう。そこで，この勉強法を続け，いつも長い時間をかけるのは，自分を大切にしているとは言えません。

先生なら工夫をします。今まで30分していたのなら，20分で済まないだろうか？　今まで5回書いていたなら，4回，3回の練習で済まないだろうか？

こうしてやったら，もしかしたらその1回は悪い点数になるかもしれませ

ん。でもそれはいいのです。次の改善につながるから。うまくいくまでのプロセス（道）ですから。大切なプロセスです。

そして，以前より短い時間や少しの努力でテスト勉強ができるようになれば，残った力や時間で自分の学びたいことを全力で学べばいいなと思います。勉強って楽しいです。どんどん世界が広がるから。そんな素敵なものを，自分を苦しめるものと勘違いするのは勿体ないですね。

自分を粗末にしないでほしいなと先生は思っています。自分を大切にしてほしいなと。先生も自分を大切にしています。自分を大切にするには，目の前の人にも自分を大切にしてもらわないといけません。そのためには，目の前の人のために一生懸命することになります。

こう考えると，人のためにすることも全ては自分のためです。人のためにやっているのではありません。いろんなことは自分のためにやっているのですね。

## 通信のねらい

子ども達には，「自分を粗末にすると世の中に粗末にされてしまう。自分を大切にすると世の中にも大切にされるよ。だからね，これは先生からのお願いです。自分を大切にできる人になってね」と話します。

子ども達も含め僕達人間は，根本のところで人に「認識」をしてほしいと思い生きています。良い行動をするのも，問題行動をするのも，目立つ行動をするのも，目立たない行動をとり人の気を集めるのも，全ては「認識」をしてほしいからです。

僕は，自分の関わる子に将来もずっといろんな人の認識の中で楽しく生きてほしいと願っています。ですから，そのことが伝わるように子どもには様々な方法で伝えます。この通信は，自分を大切にするということはどういうことか，どんなメリットがあるのかを子どもに伝えるために書きました。

31

# 見方をいろんな方向から

当たり前と感じることにも感謝できるようにする

## ◆誰かに何かをしてもらうことは…

　あなたは誰かに何かをしてもらうことがあった時，どんな風に感じていますか。例えば，家族に食事を準備してもらえること。家族に掃除や洗濯をしてもらうこと。大人達の税金で学校に通い，学ぶことができること。授業を受けられること。友達がわからないことを支えてくれること。あなたが当番やノート配りをしていなくとも誰かがやってくれていること。

①誰かに何かをしてもらうことは当たり前だと感じている（または何も考えていない）。

②誰かに何かをしてもらうことはありがたいこと，感謝することだと感じている。

　同じ時間を過ごしても①の人より，②の人の方が人生は豊かになり，幸せを多く感じられるようになります。今度，みんなで「世界の通学路」という映画をみてみましょうね。今，みんなが生きている場所がどれだけ幸せな場所なのか感じられると思います。例えば，先生がテストを返すと佐竹くんは「ありがとうございます」とお礼を言ってくれます。先生の仕事だからテストを丸つけすることは当たり前ですが，それに対してお礼を伝えてくれるのは嬉しいものです。自分の中で恵まれていることが多いなと感じれば感じるほど，次々にそうしたことに巡り合えるようになっていきます。

## ◆辻村くんは…

　音楽の時間，リコーダーになると音楽室を出て教室に来ます。みんなは，そこで辻村くんが何をしているか知っていますか。

　辻村くんはみんなが以前にマスターした「カントリーロード」を一生懸命

練習しています。みんなと同じペースでリコーダーができないからと言って，教室で練習をしています。先生は，いつかはみんなとできるようになるといいなと思いますが，こうして自分ができることを探してチャレンジしている辻村くんは素敵だなと思っています。

　できるかできないかではなく，今日も前に進もうとしているのかしていないのか。そこに意識を向けるといいなと思います。

## ◆縦わり班活動で…

　昨日は，フレンド祭に向けて縦わり班での活動がありました。その中で班での話し合いがうまくいったところとうまくいかなかったところがあったようです。先生はミツバチ班ですが，その中で野山さんと瀬戸くんが中心になり話し合いを上手に進めていました。山川さんや橋本さんは隣の席の1年生に優しく話をしていました。それぞれの立場でできることがあります。

　どんなことに取り組むのか。それを一人一人が考えて動いている班はスムーズにいきますね。

## 通信のねらい

　この時期は，子ども達が4月からの頑張りに少し疲れ，いろんなことに対して，少し雑になったり，わがままになってきたりすることがあります。そこで，改めて自分たちの日常を見返すことを促すことで，当たり前のことは何もないと気づけるようにしたいと考えています。

　この学級通信は，日常に起こっていることが当たり前だと感じてしまうと，感謝の気持ちは出てこなくなりますから，本当にそれで良いのかを問いただす内容です。

　また，友達に対しても「この子はこういう子だ」とレッテルを貼られやすい子がいます。そうした子は，他の子からのとらえ方が変わるように，その子なりの頑張りを伝えるようにしています。

32

# 今起きているクラスの大問題

### 教師の姿勢を示す

◆**今起きていることに先生が感じていること**

　今週，２回，上靴へのいたずらがありました。先月も１回あったそうです。
６の１は素敵なクラス，良いクラスになっている反面，こうした問題も起こ
っています。この問題の大きな責任は先生にあります。みんなを不安にさせ
ています。ごめんなさい。いたずらをされた人は悲しみ，怒り，苦しみなど
のいろんな気持ちが渦巻いていると思います。ごめんなさい。

　先生は，それぞれのお家の人へもごめんなさいという気持ちです。みんな
を安心して送り出したい場所である学校で，教室でこうしたことが起きると
お家の人に心配をかけるからです。ごめんなさい。そして，こうした方法で
しか自分の苦しみを吐き出せない人がもしこの教室にいるなら，その人にも
ごめんなさい。先生がもっとあなたのことを理解し，心をわかってあげられ
て，話が聞けるのならこんな風にあなたは人に対して嫌がらせをすることは
なかったんだと思います。何かモヤモヤして，苦しいことがある。それを誰
にもわかってもらえない。その苦しさ，その辛さには共感します。でも，や
っていることは間違っているし，やめてほしい。もしやるなら，子どもの上
靴にではなく，先生の靴にしてほしい。それは，子どもの悲しむ顔を先生は
見たくないし，好きじゃないからです。この教室に苦しむ人がいるなら，そ
の人がどうしたら気持ち良く過ごせるのか先生は考えたいです。先生ができ
ることは何か？　そんなことを考えながら今日も教室で過ごしています。そ
の中で先生のできることは，この話を伝えることかなと思います。それは，
「自分に優しくいてね」ということです。

　あなたがしんどくて，お医者さんに行ったとしましょう。次のように言わ
れました。あなたならＡかＢ，どちらの病院に行きたいですか？

Ａ「なんでしんどくなったの？　生活が乱れているんじゃないの？」
Ｂ「大丈夫ですか？　しんどかったですね。安心してくださいよ。」

　Ａの病院には行かないですよね。Ｂを選びますね。それは，優しい言葉で労ってくれるからです。ところで，みんなは，自分自身にどちらの言葉をかけていますか？　自分がうまくいかないことに出会った時や，落ち込んでいる時，Ａのような言葉かＢのような言葉，どちらを自分にかけてあげていますか？　Ｂのような言葉は甘やかしているように聞こえるのかもしれません。しかし，これは甘やかしているのではありません。これは，理解を示し，希望を与えているのです。みんなは自分が失敗した時に，自分を理解してあげ，希望を与えていますか？　それともＡのようにお説教ばかりしていますか？先生は自分にＡのように声をかけているとしたら，「性格が良くないんじゃないかな？」と思います。人にかけてあげるのはもちろん，自分にもかけてあげてほしいのです。自分にもＢのような言葉をかけてあげてほしいのです。自分を責めて，威圧しても何にも得にはなりません。自分を理解し，希望を与えてあげてほしいです。

## 通信のねらい

　こうしたことが起きると教室の雰囲気は悪くなるし，それぞれの怒りをどこにぶつけて良いのか，誰にぶつけて良いのかわからずモヤモヤします。僕自身は教室で起こる全ての問題は，その責任の半分が教師だと考えるようにしています。ですから，被害を受けた子どもやその家族，教室のみんなにごめんなさいを伝えます。そして，このような問題を起こすことでしか自分の気持ちを解消できない，その苦しさを抱えたまま教室にいるその子に対して本当に申し訳ないなと感じています。教師にはそもそも限界があります。問題は起きて普通で，起きないことが奇跡です。ですから，こうした問題は起きてしまっても，自分を責める必要はありません。それと同時にこの問題を起こしてしまったその子の苦しみに理解を示す必要があると考えています。

**33**

# 違いを受け入れる

足りないことより，足りていることに目を向けられるようにする

## ◆それを受け入れたら人間は面白い

　人は人との違いがあります。もし，全員一緒なら，話し合いをしてもみんな賛成ですぐ終わり，スポーツをしても一生決着がつかず，この世の中，発展することはないです。違いがあるから，人は伝える努力をし，より良い自分になろうとします。人を好きになり，命を育んでいけるのも全ては違いがあるからです。

　しかし，同時に違いがあるから人は喧嘩をしたり，「あの子はおかしい」と言って仲間はずれにしたりしてしまいます。また，人と比べて「自分は優っているなあ」と安心したり，「劣っているなあ」と不安になったりします。

　世の中は公平ではありません。生まれもっての違いがあるからです。足が速く生まれ育った人もいるし，運動が苦手な人もいます。綺麗な歌声が出る人もいれば，出ない人もいます。約束をきちんと守れる人もいれば，先生のように忘れっぽい人もいます。

　例えば，先生は蝶々結びが30歳になってもできませんでした。手先が不器用なのか，覚えられないのか，なかなかうまくいかず，自分なりの方法で結んでいました。それだとすぐに解けるので，今，しっかりした方法で結べるようになり助かっています。

　先生は物の管理がへたくそで，家の鍵などをすぐにどこかに失くしてしまいます。失くそうという気持ちはもちろんなく，一生懸命です。だけど，またどこかにいってしまいます。そうすると管理の上手な奥さんは「なんでどこでも置くの？」って聞いてきますが，その答えがわかっていたら失くさないので，答えに困ってしまいます。もちろん反省はし，次は気をつけますが，またどこかにいくのです。

他にも，電話中はずっと歩いています。職員室でも家の中でもずっと歩いているので，奥さんに「座ったら？」と言われますが，なんだか落ち着きません。みんなに「手遊びをやめよう」と言いますが，先生は何かを常に触っていないと落ち着かないので，よくものを触っています。

　これって治るといいなあと先生は39年生きていますが，なかなか治りません。一生治らないかもしれません。だから，先生なりに工夫はしています。物の管理がへたなので書類などは近くの先生によく見せてもらいます。一昨日も栗原先生にお願いしたし，先週は松井先生に見せてもらいました。鍵を置く場所を決め，家の大事な書類は奥さんに管理を任せています。手遊びも相手が不快にならないように，今はダメと思ったら我慢できるようになりました。

　先生は自分の欠点をたくさん知っています。でも，それも含め先生です。反対に素敵なところも自分でたくさん知っています。そうして自分を労わり，自分を大切にします。容姿も人と比べれば劣るけど，容姿以外の自分の素晴らしさを知っているし，奥さんにも娘にも大切にしてもらっているので，不満はありません。周りの人と比べて足らずに目をやると無限に出てくる足りない点があります。でも，本当にそれが足りないと困るのでしょうか？　足りないことばかりに目を向けるから困るのではないでしょうか。

## 通信のねらい

　周りと比較し，自分の足りなさばかりに目を向けると，心がしんどくなります。足りない点ばかりに目を向け，自分を責めたり，自分を威圧したりする中で自分自身を抑圧できなくなった時，人は他の人を責めます。

　僕は僕のダメさを学級通信だけでなく，日常から子どもに話します。そうして，違いやダメがあるのが普通だと子どもが理解できると良いなと感じています。そして，足りないより，足りていることに目を向けられるようになると良いなと思っています。

**34**

# 付加価値をつけてみる

楽しいことを自分自身でつくり出せるようにする

## ◆付加価値をつけていく

　みんなには，今，身の回りのものを使ってゲームを考えてもらっています。鉛筆と鉛筆キャップだけを使っても，ゲームを考えることは可能でしたね。何かをする時にそのものに付加価値をつける癖をつけてみてくださいね。その力は将来，社会に出た時も自分の発想する力を発揮できることにつながります。金曜日には考えたゲームを班のメンバーにプレゼンし，その中で一番楽しかったゲームを，タブレットを使ってYouTube風にまとめてもらおうと考えています。身の回りのものに少し付加価値をつけてみる。文房具でも，服でもいいですね。その他には，情報や学びでもいい。いろんなゲームでもいいです。どんなことも少しの付加価値をつける習慣をつけるだけで，あなたの発想力は変わってきますよ。

　授業もそうです。ただ受けるだけでなく，楽しく受けられるようにあなた自身が工夫してみてください。実は授業が楽しいか，楽しくないかはあなたの工夫次第で決まってきます。

## ◆どんなことにも○も×もない

　こんなことをここに書くのはまずいのかもしれないけど，先生は廊下を走ってもいいと思っています。実際，先生は急いでる時に走ることがあります。

　でも，絶対に走ってはいけない場所やシチュエーションがありますね。先生はドアの近くや曲がり角は走ってはいけないと思います。そこは人とぶつかる可能性が高いからです。そんな風に考えられない場合，ルールがつくられます。「ルールはモラルが低下したところに発動されます。そして，改善が見られない環境に対してはルールはより強化されます」ということを以前

に聞いたことがあります。

　ルールができちゃうと，守るか守らないかで○か×ができてしまいます。でも，先生はこんな風に全てのことに○だからしても良い，×だからしちゃいけないというのは嫌です。

　昨日は，教室でペットボトルの蓋で遊ぶゲームをしている人がいました。その遊びの近くにいた人は「危ないからやめてほしい」と話していました。「自分達が思いついた遊びをしたい」「人の多いところでこの遊びはやめてほしい」これどちらも○ですよね。ならどうすればいいのかをお互いに話し合って，思考すればいいなと思います。簡単にルールをつくり，○か×の世界にしないことです。どうすればどちらにとっても○になるのか。そんなことを考えてみるといいですね。そんな教室は素敵だなと思います。

　例えば，人に対して嫌なことを言う人がいたとしましょう。○か×の世界で生きるのなら，これは×ですね。×ですが，人がその行動を起こすには何か理由があるものです。人の悪口を進んで言いたい人なんていません。でも，言うことのメリットがその人にはあるのです。それを言うことで何か助かっているのです。それは何かに目を向け，思考してみることです。そうすれば，これまで気づかなかったことに気づくと思います。

## 通信のねらい

　「誰かが楽しいことを準備してくれる，楽しい雰囲気をつくってくれる」と考えている子がいます。そうした子どもがそのまま大人になると，いつも受け身の人間，何事も周りの責任にしてしまう人間になってしまいます。

　6月は教室や教師，友達に対しても慣れが出てくる時期です。そうすると，子どもによっては「この教室は……」と批評家のように批判する場合があります。そうした子には，何事にも付加価値をつけたり，ジャッジしたりせず，何故そうなるのかを考える機会を設けたりすることで，とらえ方が変わっていきます。

35

# 基準を低くする

まずはやってみようと思えるようにする

## ◆自分の中の基準が高くないですか？

　来週の木曜日，先生が決めたペアで全員が漫才をします。みんなの中には，「よっしゃあ！」という人もいれば，「えっ!? 私が漫才？」という人もいます。「なんのためにやるんですか？」と聞きに来た人もいます。なんのためか？いろいろと理由はありますが大きくは二つです。

　一つ目は，何事も楽しめる人になってほしいからです。先生はね，この世にみんなは楽しむために生まれてきたんだと思っています。じゃあ，その空間は誰がつくるの？　それは自分です。自分達です。真面目に何かを一生懸命取り組むことも大事。それと同じくらい，その空間，時間をアホになって楽しむことも大事です。みんなで，これでもかって「アホ」になってみる。そんなことができることも人生を豊かに生きるためには大切だと先生は思っています。

　二つ目は，みんなの基準を低くするためです。みんなは，自分への期待値が高すぎて動けなくなっていることが多くなっていませんか？
・何事もうまくいって普通。うまくいかなかったらダメ。
・発表も正解して普通。間違ったら恥ずかしい。
・歌もうまく歌えて普通。へただったら恥ずかしい。
・スポーツもうまくて普通。へただったら恥ずかしい。
・漫才もうけて普通。すべったら恥ずかしい。

　こんな風に感じていたら，人間はどんどん動けなくなっていきます。こん

な風に思っている人に先生は聞きたい。「何で，最初からうまくいくと思っているの？」って。

・何事もうまくいかなくて普通。うまくいったら奇跡。
・発表も間違って普通。正解したら奇跡。
・歌もへたで普通。うまく歌えたら奇跡。
・スポーツもへたで普通。うまくいったら奇跡。
・漫才もすべって普通。うけたら奇跡。

　そんな風に軽やかに生きられるといいよね。うまくいかなくて普通ですから，その中で一生懸命するだけです。自分のハードルを上げすぎず，目の前の小さなことに一生懸命に取り組む。そんな人であってほしいなと思っています。

## 通信のねらい

　荒れる子どもは，自分への高い評価基準を使い，常に自分を威圧しています。子どもの頃から100点を目指すことばかりを求められたり，平均点から大きく外れない生き方を求められたりすると，人は自分の中での行動基準がどんどん高くなっていきます。そして，そのために動けなくなっている子どもがたくさんいます。これは子どもだけでなく，教師も同じです。

　何かができて当たり前という人は僕からすると「あなたは何様なのか？」と思います。そうした人には「何故うまくいくと思っていたの？」と逆に聞きたくなります。ですから，子ども達には，「できなくて普通」という感覚をもってほしいです。

　また，「自信がないからできない」という子もいます。そうした子達に僕は，「自信なんていらないよ」という話をよくします。自信はなくて丁度良いのです。大人がみんな，「自信をもちなさい」と言い過ぎるから，子どもは何かに自信をもてない自分がダメだと感じます。でも，自信をもっている大人なんて世の中にどのくらいいるのでしょうか。

36

# 学ぶことを見つめ直す

学ぶことを楽しめるきっかけをつくる

## ◆学ぶことをいつ嫌になるのか？

　先生の娘は今，２歳です。今，一番使う言葉は「何これ？」です。興味があるのか，多い時は30秒に１回は言っています。何か名前がわからないものや初めて見るものは「何これ？」と聞きます。そんな姿を見ると，人は学びたい生き物なんだなあと思います。

　「授業，めんどくさい」「勉強，嫌」と感じる人もいると思います。こういう人に対して先生は「そうかあ。じゃあ，どんな授業だといいかな？」と考えると同時に，人は何がきっかけで学ぶことが嫌になるのかなあと考えます。きっと，その原因の一つは学んだことに点数をつけられ，人と比べられたりするからかなあと思っています。学校にはテストもあるし，人と比べやすい環境でもあるから，嫌になるのかもしれません。そんなのいらないのになあと先生はよく思います。

　でも，どうしたらそんな中でも学ぶのが好きになるのかなあと考えています。もちろん答えはないんだけど，先生はみんなの担任としてみんなが学ぶことが好きになればと考えています。先生自身は学ぶことが大好きです。学ぶって，世界が広がるからです。あなたは，学ぶことが好きですか？　それは，なぜですか？　楽しいという人にぜひ，話を聞いてみて，学ぶことが楽しくなる２学期になると良いですね。

## ◆いろんな文章づくりを楽しもう

　金曜日の国語の時間はいろんな文章をつくりました。先生が10秒ほど演じた様子を文章にしたり，あるものになりきって文章を書いたりしました。文章が上手に書けるようになるには，いろいろなコツがもちろんありますが，

まずはたくさん楽しみながら書くことですね。先生も，毎日，学級通信を書いたり，原稿を書いたりすることで上達してきています。何事も回数をこなすことです。みんなで書いた文章を読み合って良いところは吸収しながら，文章を書くことを楽しみましょう。

　みんなの日記を読んでいると，上山くんや大木さんの文章は一気に面白い文章に変わりました。誰でも書ける文章ではなく，それぞれにしか書けない文章で読んでいる先生も笑いながら，楽しみながら読みました。こんな文章が増えると，先生も日記を交換するのが楽しみです。いくつも面白い文章があったけど，その中から中川さんの文章を紹介します。

---

**中川さん**

　今日の15分休みに学校にある何かになったつもりで気持ちを文章に書きました。私は雑巾を選びました。

> 　「私」はいつもとてつもなくきたない布です。人間の足音が近づいてきて，私を冷たい水で濡らして体を，「これでもか！」といわんばかりにねじられます。その痛みはなんとも言い表せないほどです。人間はいろんなきたないところに私の顔や体をなすりつけます。終わった後は身体中，ほこりや泥まみれで顔と体がすごく痛いです。ボロボロになったらさらにきたないゴミ箱へ捨てられます。その新しい物もすぐに汚くなり，捨てられる。人間は私を何に活用したいのだろうといつも考えています。
>
> 　さて，「私」は何かわかるかな？

---

## 通信のねらい

　学ぶことは本来楽しいもののはずですが，学校という場所で学ぶことが嫌いになっていく子が多くいます。学ぶことに主体的になるには，その子が学ぶ場で①養護的欲求（愛されたい）と②教育的欲求（どうすれば良いのか方法を知りたい）という二つが満たされる必要があります。教師は，この二つが満たされるように意識して動いていくことが大切です。

## 37

# 相手意識をもつ
人を満たすことが自分の成長につながることに気づかせる

### ◆自分ができることで仲間を支える姿

　右はマット運動の写真です。上は正木くんの開脚前転，下は伊藤くんの首倒立です。みんなはどんどん上達していますね。それはなぜでしょうか？

　体育は，自分一人だけでは上手くなりにくい教科です。なぜなら，自分一人でやっても，自分のやっている様子は見られないからです。ですので友達に見てもらい，それでアドバイスをもらうことが重要になってきます。2枚の写真を見ても上の写真は木下さんや平山さんが，下の写真は五島くんや山崎くんがしっかりと技を見ています。上達のためには，できている人の演技をしっかり見ることも大切です。マット運動が得意な谷本さんや立ちブリッジが上手な中本さんの演技を見ることで，頭の中にイメージができますね。そのあと，井川さんはすぐにできるようになっていきました。

　こうして，いろんな人が声を掛け合い，助け合っていく中でできなかったことはできるようになっていきます。これはどの教科でも同じですね。自分ができることで仲間を支える姿。その姿が教室に増えてきています。

### ◆引き算主義をやめて，足し算主義へ！

　何か新しいことをやる時に人はいくつかの行動に出ます。
①自分が無理とわかったら，最初からやらない。
②自分が無理とわかったら，真剣に取り組まない。
③自分が無理とわかっても，それを楽しみ，どんどんチャレンジする。

　①②の人は，自分の中に「しっかり」「ちゃんと」「完璧に」が強すぎるのです。そうして，「100点－現状」をいつもしています。③の人は，いつも昨日の自分より何ができるようになったかの足し算をしています。どちらの方

が伸びていくのか？　あなたはどう考えますか？

## ◆相手を想う気持ちが全てにつながる

　今，誕生日カードを誕生日係の中川さんと森井さんが中心になって作成してくれています。あれだけのカードあれだけの枚数を準備するのにどれくらいの時間がかかるでしょうか？　少し考えればわかると思います。昨日は，みんなの書いたメッセージを見ていました。その子のことを考え，メッセージを書いている人もいれば，残念ながら，適当に書いている人もいました。あなたが書いたメッセージは相手を喜ばせるものでしょうか？　それとも悲しませるものでしょうか？　どんなメッセージが人を元気にし，どんなメッセージが人を不快にさせるのか。そして，誕生日カードを作った人のことを考えているでしょうか。人を喜ばせるためには，自分の時間を相手に使うことです。同じ教室で過ごす仲間に対し，少しの時間も使えない人が将来，どんな仕事をし，どんな風に働くのでしょうか。どんな家庭をつくり，どんな風に暮らすのでしょうか。相手を思う気持ち，大切にしてほしいです。それを大切にすれば授業で学ぶ中で相手へのわかりやすい説明につながり，それが自分の表現力の高まりにもつながります。わずかな時間でも相手にできることを考え，少しの言葉でもできることを考え，行動できるようになってほしいです。それが全てあなたのレベルアップにつながります。

## 通信のねらい

　誰かのためにやっていることが自分のためになっていくことを知ることは大切です。人のため，人のためと言って自己犠牲で動いていても，それは長く続きませんし，続いたとしても自分を粗末にすることにつながります。
　人は人の中で磨かれていきます。「自分の成長のために，人を利用する」それくらいの気持ちでやっていくと無理もなく，継続できると僕は考えています。その姿が学ぶ中でも見えると良いなと考えています。

**38**

# あなたのままのあなたで

ありのままの子どもを認識することで子どもの養護的欲求を満たす

## ◆どんな状態でもあなたはあなた

　金曜日，掃除の時間，山川くんは一生懸命トイレ掃除をしていました。新井くんが知っている日本語を駆使して作文を書いていました。図工の時間，小林くんが丁寧に絵を完成させていました。こうして頑張る姿は美しい。でも，頑張れない日があるよね。先生もあります。人は毎日，頑張れるわけではないし，明るい気持ちに毎日なれるわけではありません。そんな自分を責めてしまう人がいるけれども，そうなれなくて普通なのです。むしろ，うまくいったことが奇跡的です。ということは，できない自分を責めなくても良いし，できない自分にがっかりしなくても良いのです。

　頑張らなくてもいいのがこの教室です。あなたがあなたとしているだけで，価値がある。それが人間だと先生は考えています。あなたが何かに頑張る姿は美しいなと先生は感じますし，応援をします。津田くんが廊下を丁寧に拭き上げる姿は美しいし，川井さんが一生懸命手を挙げて発表する姿も美しいです。ただ，もしあなたが頑張っていなくても，頑張れない日があっても，そんな日もあなたは素晴らしい存在だと先生は感じます。どんな状態であれ，あなたはあなたなんだから，それだけで価値があります。「生まれてきてくれてありがとう」そんな気持ちでみんなを先生は教室に迎えたいなと思っています。

## ◆どんな教室をつくっていきたいのか？

　今，みんなの動きを見ていると，1学期の最初に先生がこんな教室になると良いなと話した状態にどんどん近づいてきています。

**川村さんの日記より**

　今日の１時間目に図工がありました。楽しくて良かったところが二つあります。一つ目はみんなが協力していたところです。作品が出来た人達が電動のこぎりを使っている人にやり方を教えたり，手伝ってあげたりしていました。二つ目は真剣に取り組んでいたことです。何人かの人が喋っているのも注意していました。このみんなの頑張りを見てすごいと思ったし，最初と比べて成長していると思いました。先生はどう思いますか？

　先生もみんなの成長がたくさん見られるなと感じます。特にここ最近はたくさん感じます。先生が目指している教室，一つ一つ意味がわかるかな？こんな教室になるといいなと思っています。わからなかったら聞いてくださいね。

①教室づくりを自分のこととして考えている。

②ルールとゴールを自分達で設定できる。

③教室の課題を自分達で発見できる。

④トライアル＆エラーを繰り返せる。

⑤困った時に仲間にヘルプを出せる，そして，それに応えられる。

## 通信のねらい

　「みんな仲良し　いつも明るく元気な　○年○組」という学級目標を掲げている教室がありますが，これを本気で目指させたら，子どもは将来「うつ」になる可能性が高くなります。うつは何かを完璧にこなさなきゃいけないと感じ，それができない自分に対して自分を威圧してなっていきます。そもそも，人はいつも明るく元気にできないし，みんな仲良くはできません。そうしたことを教えることが学校の役割だと僕は考えています。

　子どもは自分という存在を周りに認識してもらうことに精一杯です。ですから，その認識を置くために一生懸命動きます。それならば教師の一番の仕事はどんな子どもも，どんな状態でも認識を置くことではないでしょうか。

**39**

# どちらで学ぶかは自分次第
やる気になるかならないかは自分でコントロールできることを伝える

## ◆どちらを見るのかは自分の勝手でいい

　昨日は2学期の始業式でした。前に立ち，みんなの顔を見ると「よし，やるぞ！」という人もいれば「なんだか体がだるいなあ」という人もいました。正直，先生にはどちらの気持ちもあります。みんなに早く会いたいなあと思っていたことも本音だし，もう少し休みがいいなあと思っていることも本音です。人は頑張れる時もあるし，頑張れない時もあるから，そんなものだよなと先生は考えています。

　どちらの状態でも，今日から学校が続くという事実は変わりません。でも，何をするかも変えられるし，何を見るかも変えられます。どうせなら，先生は毎日楽しい時間が長いといいなと考えているから，自分で自分にスイッチを工夫して入れます。やり方はいろいろとあるから，この通信と1学期の学びを使って自分で考えてみてね。わからなかったら，聞きに来てください。

　昨日は1日，みんなの表情や姿勢，どんな言葉を発しているかに注目していました。佐藤くんの目に力があるなと感じていました。瀬山くんは自分が少しだらけてしまっていることに気がつき，そこから切り替えていこうと自分でスイッチを入れ始めました。こうして自分で途中で気づき，変化させられるのは大したものです。奥伊さんは最初からニコニコして，楽しそうに時間を過ごしていることが伝わってきました。

　最初の1週間は自分をよく観察してみてくださいね。先生からの注意も極力しません。みんなは，自分を観察し，自分のスイッチを自分で入れられるようになる練習ができるといいなと思います。

例えば，「だるいな」と思う点で1日を眺めれば，だるさを感じる点はたくさんあります。人からやることを決められる，朝からある，自分の思い通りにできない，ルールを破ると先生に叱られる，いろんな人と関わる機会が多い……などなど。こんな風に1日を眺めたら，今日という日は本当に気が重くなり，しんどい場所になります。

　同じように「いろんなことが恵まれているな」と思う点で1日を眺めれば，それもたくさんありますね。同じ年代の人とたくさん会話ができる，1人ではできない学びや遊びができる，自分が準備していないのに学ぶ場所がある，教えてくれる人がいる……などなど。こんな風に1日を眺めたら自分がどれだけ恵まれているのかがわかるし，今日という日は本当に楽しく，気持ちも軽く，明るくなります。

　人間の脳の仕組みは，「だるい」を探すとどんどん「だるい」ことを発見するようになりますし，「恵まれている」を探すとどんどん「恵まれている」ことを発見するようになります。日々のちょっとした意識ですね。あなたはどちらがいいですか。どちらを見るのも自分の勝手でいいわけです。もちろん先生は後者をお勧めします。今日から自分はどちらに注目しやすいかを意識して眺めてみるといいですね。さあ，今からも意識してみてくださいね。

## 通信のねらい

　2学期のスタート，正直，子どもも教師もスイッチが入ってないことがあります。それは悪いことではなく，当然のことです。そこは認めながらも，では，そこからどうするのかを子ども達には考えられるようにしてもらいたいです。ですから，どのようにすればスイッチがオンになるのかを伝え，自分自身の責任であることを自覚できるようにします。

**40**

# 授業と日常のつながりをつくる

日常の学びはどのように自分達につながっているかを意識させる

## ◆授業も自分達で！

　算数は速さの学習です。ここは６年生でも難しいと感じる単元の一つです。家でもしっかりと復習しながら進めていきましょう。車に乗る機会があれば，スピードメーターを見ながら，速さ（時速）を確認してみてくださいね。時速がわかったら分速も求めてみてください。今，先生は北海道から大阪に向かって飛行機に乗っています。前のテレビ画面を見ると1700kmを約２時間で行くようです。飛行機の速さは大体どれくらいかわかりますか？

　さて，昨日の黒板からみんなが算数の時間に友達と協力をしながら学んだかがわかります。指定された時間の中で，みんなが課題を達成できるようになるにはどうしたらいいのかをよく考えられるようになってきています。この授業の進め方は，目の前の課題に対し，自分で学び方を選択し，協力しながら全員での目標達成をする，つまり，協働的問題解決の練習でもあります。始めた頃と比べたら，一人一人が主体的になり学べるようになってきています。素晴らしいですね。

## ◆バイキンマンにはバイキンマンなりの正義がある

　道徳で「正義」について考えました。桃太郎のポスター２枚にもあるようにどちらにもそれぞれの正義があることが考えられます。どちらか一方の立場に立つと，相手が悪く見えます。どちらも正義を感じている時，人の喧嘩は大きくなりますし，なかなか解決しません。こんな時，やはり相手はなぜそんなことを考え，そんな行動をとるのかを考えないといけません。アンパンマンの作者やなせたかしさんは，「バイキンマンにはバイキンマンなりの正義がある」と言っています。

そして，「善魔になってはいけない」という言葉も紹介していました。この時，先生は正義って何かなと考えました。みんなは昨日の授業で改めて正義って何と考えましたか？　40人の集団で生活すると40人なりの正義があります。その中で，みんなで生活するには，やはりたくさん人と関わり，たくさんの正義について知り，何が良いのか自分なりに考えることが大切です。先生がいろんな人と関わろうというのはこういうところにも理由があります。

　ここ最近，男子が先生に叱られる場面がありました。一昨日は，女子から男子への注意がありました。そこで，先生が話を聞くと，自分でもちゃんとしたいのにうまくいかない，できない自分が悔しいと男子達は話していました。自分自身が一番苦しんでいるのかもしれません。人は誰しもが良くなりたいと願い，どうしたら変われるのかと悩んでいます。

　みんなはここをゆっくりじっくり考えていくといいなと思います。ただし，ダメなことをダメと伝えなければ，クラスのハードルはどんどん下がっていきます。では，どうしたらいいのでしょうか。正解はありません。人はこうしたことを毎日毎日考えて過ごしていく必要があります。先生も，もちろんあなたの親も，どうしたらいいのかをいつも考えています。あなた自身も，どうすることが今のこのクラスにとっていいのかを考え続けてみてください。

## 通信のねらい

　授業で大切だと感じたことや家でも家族と一緒に考えるといいなと感じる内容は学級通信に掲載します。学びが日常生活につながっていることで興味をもってほしいことはもちろん，学びが日常で活かされることを望んでいます。こうして授業をまとめることで，そうなっていくきっかけを学級通信でもつくれます。何度も何度も子どもが意識し，思考することで，知識（ただ知っているだけの段階）は技術（意識して使える段階）になり，技能（意識せずとも使える段階）になっていきます。そのきっかけに学級通信はなります。

41

# 変わることを諦めない

教師の想いを伝え，子どもが安心できるようにする

### ◆何度言っても変わらないのか？

　昨日の奥村さんの日記にこんなことが書いてありました。「先生は何度言っても変わらない人に，なぜ，それでも何度も言うんですか？」

　このことへの答えは実にシンプルです。それは，先生はあなたを信じているからです。どうせできるようになるに決まっているって思っています。できるようになるまでには時間がかかる人がいるだけって思っています。先生が諦めるのが先か，みんなができるようになるのが先か。あと半年，先生は大切と思うことは何度も伝えようと思っています。みんな，どうせ良くなっていきますし，変わります。

　先生は，先生から声をかけて休み時間や放課後に勉強を教えることはありません。世の中は，自分が困った時に「ヘルプ！」と声を出さなければ誰も助けてくれないことがほとんどです。ここは小学校ですが，あなたがやる気にならない限り，授業以外で先生から勉強をしようと声をかけることはありません。厳しく見れば，世の中はそんなものです。

　でも，聞きに来る人は別です。昨日も井本くんや川井さん，山村さん，松山くん，大川さん，中橋さんが順に聞きに来ました。その人達には，時間のある限り一生懸命伝えます。最近は日記の交換でもそうです。あなたが適当に書いているものには先生もそれなりの返事を書いていますが，真剣に自分の考えをぶつける人には真剣に答えています。そういう人との日記の交換は楽しいです。

　休み時間のわからないことへの質問にしても，日記で納得いかないことや理解できないことの問いかけもそうですが，そういう行動は「自分を大切にしている行動」です。自分を高めるために一生懸命になっているからです。

あなたがあなた自身を大切にしないのに，なぜ，他の人があなたを大切にしてくれるのでしょうか？　まずは，あなたがあなた自身を大切にする。あなたの一番の応援団はあなた自身ですよ。そうしてあなたがあなたを粗末にしないから，人もあなたを大切にしてくれるものです。

## ◆頭でわかっていても難しいことがある

　昨日は，女子の人間関係について話しました。仲が良いですね。ただ，この時期になると，女子はだんだんと人間関係が固定化していきます。そうしたものです。先生は6年生をこれまで7回もってきて，どのクラスでもこのような壁にぶつかっていました。そうした時，どんな風にしていくといいのかは一緒に考えていきましょう。クラスがより良くなっていく方法は一つではないですからね。人には，頭ではそうした方がいいなとわかっていることであっても，1人ではなかなかできないことがあります。時間がかかることがあります。そして，本能的に人は変化することを嫌います。

　だから，焦らないで大丈夫ですし，できない自分を責める必要もありません。できていること，やろうとしていること，そうして自分の足りているところに目を向けて，仲間と楽しんでチャレンジしてみてください。

### 通信のねらい

　教師にも，周りにも慣れるということは，日々変われないと感じる子はやはり今年も変われないなと感じています。その子自身も，そして誰一人その子の変化を信じないとしても，教師はその子を信じられるような存在でありたいと考えています。人は1人でも自分を信じてくれる人がいたら変われるものです。どうしてその子が変われないのかは変わることに不安だからです。これまで，見捨てられた感覚や裏切られた感覚，拒絶された感覚をもっている子は自分の未来を信じられません。その子達に向け，教師が裏切ることも，見捨てることもないということを発信する必要がありますね。

**42**

# 小さな取り組みで変わる

今やっている行動に価値づけし，小さな行動を大切にする

## ◆何か大きなことをしたから…

　みんなは今，クラスの空気がすごく良くなっていることに気づいています
か？　そこには，みんなの小さな取り組みが関係しています。ほんの少しず
つこれまで話をしなかった人と関わる。ほんの少しだけ，人に親切にする。
たったそれだけのことで，これまでとは違う空気が教室に流れています。こ
れを1学期から続けてきたみんなの教室には，他とは違う空気が流れ始めて
います。その空気，感じていますか？

　どんなこともそうですが，何か大きなことをしたからといって何かが変わ
るわけではありません。目の前の小さなことに一生懸命になる，続ける。そ
うしたことの先にだけ，奇跡のようなことが起きます。クラスの中の大きな
変化も一人一人の小さな動きの足し算からです。

　人はいつも何か大きな変化を期待して，特別なことをしたくなりますが，
そうしたことは長く続きませんし，結果，何も変わらないことにさらに自信
ややる気を失うことがあります。

　大きな変化に希望をもって，今日もコツコツできることに取り組んでいき
ましょう。今のこのクラスになら，大きな奇跡が起きると思いますよ。もっ
ともっと居心地の良い空間，あなたが成長できる空間になっていきます。と
ても楽しみです。

---

**本田さん**

　私はいつも井本さんと佐々木さんといるけど，最近はいろんな人とも会話が増
え，少し成長しました。前までは佐々木さんなどがいないと不安だったし，一緒
にいるとちょっとホッとする自分がいました。でも，いろんな人と関わってみる

と意外に気も使わないし楽しく過ごせたと思います。

　最近，飯田さんなどが，放課後遊べる人を男女関係なく誘って，公園で遊んでいます。そんなことができるのはとても素敵なことだと思います。私だけでなく，女子の多くが課題を達成できているように思います。これからもみんなと関わりをもちたいと思います。

---

**大山さん**

　足を怪我して1週間たって，毎日思うことはこのクラスのみんなは優しいなと思います。1学期の時よりも声をかけてくれて，ちょっとしたことでもみんな手伝ってくれます。例えば，給食の時やテストの時に机を運んでくれたり，テストを持って行ってくれたりします。毎日，登下校でカバンを持ってくれたりして，いつも助かっています。そして1学期より気遣いが誰に対してもできているのですごいなと思いました。他にも友達の椅子が出ていたら，サッとしまっているところなどもすごいなと思いました。

---

　みんなの日記を読んでいると変化を感じている人が多いようです。1人の動きが数人の動きに，数人の動きがこうして大きな動きにつながっていきます。大きな流れができると，大きな変化につながります。

　教室にだんだんと流れができてきて，大きな変化になっていく，小さな小さな取り組みが教室のいろんなところで見られます。ありがとう。

## 通信のねらい

　4月から一緒に過ごしていると，最初は「素敵だな」と感じていたことも，子どもの中で「当たり前」に変わってしまいます。日常を当たり前と感じ，変われないと感じてしまうと，人は何か大きなことや特別なことに取り組みたくなります。ですが，そんな中でもコツコツと動いている人がいます。そうした動きで教室は小さなプラスの変化をしています。そのことにスポットを当てることでこうした小さな動きを大切にできる教室になっていきます。

43

# 協働的な時代がくる

未来を知らせることで，現在の学びの意味を考えられるようにする

## ◆協働的問題解決力が必要な時代に…

　昨日は，みんなが生きる未来について話をしました。お家の人にも，今度の懇談会で話そうと思います。

　未来の日本の話をした後，みんなの未来にはどんな力が必要なのかも話をしました。先生は，その力がつくように教室での活動や授業を工夫しようと考えています。

　みんなが生きる未来では，これまで以上に外国人が日本に住むようになります。そして，日本には人類が出合ってきたことのない課題が目の前に出てきます。どんな問題かは大人にも実はわかっていません。

　そんな時に，自分の周りにいる人と協力し，協働して，問題を解決する力が大切になってきます。教室という場所は，同じ年齢，同じ地域に住む人たちで，比較的協力しやすい人の集まりです。協力しやすい環境で，協力する力，協働する力をつける経験をし，その中でその時に必要な力をつけていくことが大切になってきます。

　例えば，学級目標「6の1をハッピー，にこにこ，和をもって」というクラスにしていく方法に答えはありません。方法は一つではありませんね。そこで，クラスメイトと協力して，協働してみましょう。そうしたことは，未来を生き抜く力になっていきます。これは授業でもこのようなスタイルになっていますね。一つの課題に対して，4人で課題解決に向かう。そこで必要な説明力，説得力を高めるために国語で説明文の学習をする。そこでどんな資料を持ってくるのか判断するために社会で資料の読み取りを学習する。そんな風に今，学習していることが未来にどんな形で活きてくるのかを考えられるといいですね。わからない場合は，先生に聞いてください。意味がわか

って，目的があって学ぶと，学びは自分のものになっていきますからね。

　今回の運動会のダンスもそうです。同じ思いをもった仲間とダンスを成功させる。そんな経験を積み重ねることで協働的問題解決力はついていきます。

　人はいきなり，協力したり，協働したりはできません。だから，何からやっても構いません。教室という場所でもそうです。正解はありません。

　だから思いついたなら，仲間とは挨拶から始めます。挨拶をしたら会話をします。会話をしながら共通点と相違点を見つけていきます。そうしながらお互いのことを知り，少しずつ協力したり，協働したりします。

　昨日，中山さん，山井さん，上田さん，辰川さんでダンスを考えていましたよね。あれも協働の一つです。ああやって，みんなでダンスを完成させていく中で仲が深まっていき，より良いダンスが生まれていきます。日常から意識してやってみてくださいね。

### ◆みんなで理科室を綺麗に…

　昨日は2学期に始まる理科の実験に向けて理科室をみんなで掃除しました。これからの理科の実験は危険な薬品も使うようになります。身の回りが整理整頓されていないと事故が起こりやすくなります。ぜひ，みんなで理科室でのルールを改めて確認し，守りながら，安全に楽しく活動していきましょう。

## 通信のねらい

　子ども達が未来，どのような世界に生きるかを知ることは，今，学習していることがどのようなことに役立つのか考えられるきっかけになります。子どもが主体的になるには，学んでいることの目的が明確になることもその一つです。学びの目的を知ることで，そのことを取捨選択できます。結果，主体性が出てきます。「目の前に出されたものはとにかく実行しましょう」では，子どもの主体性は育まれません。教室で行っている学習がどのように未来につながるのか。それを伝えることも教師の役割です。

# 人からの評価も

人からの評価をどのように考えるか伝え，前向きに活かせるようにする

## ◆マット運動で何を感じていますか？

　今，マット運動をしています。学校の授業で先生は評価をしないといけない立場なので評価をしています。みんなの技を見せてもらい，「◎，○，△」をつけるわけです。この時，先生の中には二つの感情が湧いてきます。

> 　一つは，先生の評価を気にせず，マットを始めた日からの自分から足し算をして，それが集まっていくことに喜ぶ。
> 　もう一つは，先生からの◎に向かって，楽しみながら一生懸命になる。そのために練習に付加価値をつけ，楽しむ。

　この二つです。先生は，先生の評価は気にするなと言っていますが，もう一方で，先生の評価を気にしてとも言っています。表面上では。では，何を言いたいのか。それは，今を楽しめるなら，一生懸命になれるなら表面上のことはどちらでもいいということです。「目標に向かって，今が楽しく，一生懸命」になれるなら，評価を気にしようが，評価を気にしまいがどちらでもいいのです。大切なことは，自分の目標に向け，今日もワクワク日常に付加価値をつけているかどうかなのです。

　先生は今日感動したことがあります。それは，台上前転のテストをしている時のことです。先生の横で，秋田くんが５段の台上前転を何度もチャレンジしていました。一昨日は確か３段でもできなかったから，補助をしていました。でも，１人で何回も５段をしていました。日記に「できないから悩んでいる」ということを書いていた秋田くんがこうして何度もチャレンジしている姿，楽しんでいるようにも見えました。

人生の中で台上前転は使うことはないですよね（笑）。でも，こうしてマットをしながら見えるわけです。将来，自分ができないことにぶつかった時にその人がどういう行動をとるのか。先生は，秋田くんの未来に明るいものを見ました。

　そうそう，昨日の放課後，辰川さん，川中さん，山上さん，盛実さんが卒業式の呼び掛けの声を出す練習をしていました。この時，4人ともよかったのですが，その中でも山上さんの声の張りに驚きました。でもこれは，周りにいる3人が引き出したんだろうなと思います。こういう時，仲間っていいよなって思います。

## ◆このクラスにいてくれてありがとう

　一昨日，河井さんの日記に「先生や6の1のみんなでよかった」と書いてありました。先生は，その返事に「先生も同じ気持ちです。あなたがこのクラスにいてくれてよかった。出会えてよかった」と書きました。先生は，一人一人にそれを伝えたいです。あなたは何かを頑張らなくても，そこに存在してくれるだけで意味がある。みんな，6の1にいてくれて，先生に出会ってくれてありがとう。そんな気持ちで一杯です。出会いには必ず別れがつきものです。良い別れは次の良い出会いにつながります。卒業式はまだ先だけど，そんなことも少し考えました。

### 通信のねらい

　学校という場所はどこまでいっても「評価」がついてきます。その評価に対して，どのように考えるのか，とらえるのか，子どもによく話します。子どもは，評価に対して一喜一憂してしまう傾向があります。また，その評価で，自分の良し悪しを判断してしまいます。学校での評価はある一部を評価するものさしで測ったものであることやその評価は自分をやる気にさせる道具であることを子どもが知ることが大切です。

**45**

# 学び方を選ぶ

自分が学びたいスタイルを提供し，それぞれが学びやすいようにする

## ◆みんなでつくるみんなの授業

2学期から自分達で黒板に書き，自分でどういう風に学習を進めているか決断するということを授業の中に入れています。

> ・最初から最後まで個人でやりたい。
> ・最初は個人で，だんだんといろんな人と話し合って進めたい。
> ・最初はいろんな人と話して，あとは個人でやりたい。
> ・黒板の前でみんなで話し合いをして，みんなで考えをまとめたい。
> ・小集団で深く話し合いながら，自分の考えも聞いてほしい。

他にももっともっとたくさんいろんな思いがあると思います。また，日によっても気持ちは違うと思います。自分はどのように学習を進めるのが一番合っているのかを色々試しながら進め，自分と仲間が伸びる学習スタイルを発見できると良いですね。進めていく上で大切にしてほしいことがあります。

> ・学び方を自分で決定できるようになること。
> ・ヘルプを出せるようになること。
> ・余裕がある人は周りの人にも気配り，心配り，声がけをしてみること。

例えば，中原さんは自分の考えを前の黒板の周りで多くの仲間と交流していました。森川くんは自分の席で前の人達の話し合いを聞いて学んでいました。山上さんは自分から近くの人に話しかけ，学びを深めていました。個人でやっている人に「わかる？」と声がけをしている村田さんのような人も多くいました。松島くんや北くんのノートを見ると自分なりの考えをたくさん書けていました。まだ2回ですが，みんなの動きの中に素敵な姿をたくさん

発見できます。これからがますます楽しみです。

　そうそう，以前も伝えていますが，みんな同士で教え合う時には，次の「五つのかける」の①から④の順番を守ってくださいね。まずは，相手はどんな様子か気にかけたら，実際に目で見てみましょう。この時点で1人でできそうだなと判断したら，声をかけません。もし，助けが必要そうなら「一緒にやろうか？」などと声をかけてみましょう。その時に助けが必要ないかを確認し，必要だったら時間をかけて，しっかり共に学んでください。こうして，クラスみんなが伸びていくことの「願い」をいつもみんなにかけていてくださいね。

① 「気」をかける　　　② 「目」をかける　　　③ 「声」をかける
④ 「時間」をかける　　⑤ 「願い」をかける

## 通信のねらい

　一斉授業で学べる限界について，教師が自覚的になり，少し授業の形態に工夫をすれば，学びが楽しく感じる子どもは増えます。そして，先ほどの子どもが生きる未来もそうですが，こうしたことを学級通信に掲載することは，保護者の理解にもつながります。なんのためにこのような授業をしているのかを子どもにも保護者にも知ってもらうことで教育的効果は上がります。

**46**

# 楽しむための工夫
勝利至上主義でないスポーツの楽しみ方を教える

## ◆もうすぐスポーツ交歓会です

　今，体育ではスポーツ交歓会に向けて練習をしています。基本，スポーツを楽しんでいる様子を見て，先生も楽しい気持ちになります。なぜ，そう感じるのか。それは，スポーツが得意な人も苦手な人も一生懸命だからです。自分のできることを一生懸命できることは素晴らしいことですね。

　先生は自分の小学校時代のことを思い出しながら，みんなの様子を見ることがあります。先生が小学校の時は，正直，自分のプレーを楽しむことや勝つことばかりに必死で，周りの子に気持ちを向けることはありませんでした。「もっと○○して！」「ちゃんとやって！」と試合が進むにつれ機嫌を悪くし，一緒にプレーしている人を不快な気持ちにさせていたんだろうなと思います。

　実は，1学期のみんなもそういうところがありました。自分が気持ちを満たすことだけに一生懸命で周りのことを考えることもなく，プレーする。そうすると周りから笑顔はなくなっていき，イライラとしたムードが流れ始めます。その中で，自分中心でプレーしている人もなぜかイライラしていることが多くありました。

　勝つことだけを目的にしたり，自分がやりたいようにするだけだと，その場の空気はどうも悪くなるようですね。そもそもスポーツは勝ち負けだけが目的ではなく，みんなの親睦を深める目的でやることもあります。大人がするスポーツは多くの場合，後者なんだけど，子どもはなぜか勝ち負けに必死になっていることが多いですね。先生はそれを不思議に思っています。休み時間のドッジボールなんだから，もっと楽しめばいいのに。体育の時にするスポーツなんだからもっと楽しめばいいのに。難しい言葉だけど，勝利至上

主義でスポーツをするとしんどくなりますね。

　先生は，今，一緒にプレーしていますが，みんなの笑顔が多いなあと思います。昨日も上田さんは自分がミスしても，仲間がミスしても気にすることなくのびのびプレーしていました。中山くんや幸田くんも常に周りに指示を出しながら，声を出しながら周りを活かそうとしてプレーをしています。山森くんは相手チームに点数を決められてもニコニコして，次に向かって動いていました。どれも先生の小学生時代にはできなかったことをサラッとしているので素敵だなと思います。

　もちろん，先生の小学校時代のように試合開始はワクワクしている気持ちが，試合が進むにつれイライラに変わっていく人もいると思います。それはそれで，試合に対して真剣に，勝負を楽しんでいて良いと思います。ただ，もう一方の目で見ると楽しめているのかな？とも思います。そこは，自分でどのようにすると良いのか考えてみてくださいね。

　楽しみ方は人それぞれです。ドッジボールでは，キャッチしてパスできなくても工夫次第で味方ボールにすることもできます。その方法とは？　今日の体育で教えますね。昨日，見ていると中村さんや川井さんならすぐにできると思います。他の人も少しコツを掴めばできるようになると思いますよ。

## 通信のねらい

　スポーツをすると，多くの子は勝利至上主義でその中でイライラしてプレーすることが多くあります。特に，放課後，スポーツ団に入り，プレーする子の多くがこういう傾向にあります。この子達は，勝利のためなら何をしてもいいと学んでいる子も多くいます。

　だからこそ，スポーツの概念を変えていく必要があると僕は考えています。何をしてもいいのではなく，どんな気持ちで，どんな声がけで，どんな工夫で，みんなが楽しく取り組めるのかクラスで考えるようにしています。

⬛ 🌲 ★ 🎀 ★ ★ 🧦 👢 🔔 🎁 🕯️ **47** 🔔 🎄 🎅 🌲 ★ 🎀 ★ ★ 🧦 👢 🔔

# 友達の変化から

人の変化，成長を支えた人に目を向けられるようにする

⬛ 🌲 ★ 🎀 ★ ★ 🧦 👢 🔔 🎁 🕯️ 🧸 🔔 🎄 🎅 🌲 ★ 🎀 ★ ★ 🧦 👢 🔔

## ◆英語の時間の前山くんの変化

　前山くんは5年生の最後の方まで外国語の時間に入ることができませんでした。でも，今週の外国語の時間，何度も発表し，何度も間違え，何度も正解を出していました。それを見て，なぜ前山くんは積極的に授業に参加できるのかを考えましたね。そういうところからみんながもらうメッセージがあります。どんなメッセージでしょうか？　考えてみましょう。そして，その学びを自分に活かしてみましょう。

　人が変わる時，必ずそれに関わった人がいます。教室で誰かが何かをできるようになったのならば，それは誰かのフォローが必ずあったからです。そのことに気づける教室と，そのことに気づけない教室では，居心地が全然違います。だって，日々，三上さんのように陰ひなたなくコツコツ動いている人が教室の土台を作ってくれていることに多くの人が気づく教室とそうではない教室では違うでしょ？

## ◆みんなの日記より

> **筧さん**
> 　今日の中学校見学はとてもよくわかりました。中学生のみんなが動画を作ってくれていたので中学校のことがよくわかりました。それにたくさんの時間をかけてくれたんだ！と思いました。中学生のおかげで入りたいなあと思うクラブもわかりました。

　中学生があの映像にどれくらいの時間をかけ，どれくらい練習したのかなと思える視点は素敵ですね。そうしたことに目を向けられるようになってくるのが「気づく人」ですね。

> **森井さん**
>
> 　朝の25分から30分までの5分間は大体いつも私は「机を揃える」「宿題チェック」「くつ揃え」をしているけれど，最近は「くつ揃え」をしていません。なぜなら，みんなが靴の方へ一斉に行くからです。今，一番頑張っているなと思う人は早川さんです。いつも廊下をホウキではいていて頑張っているなと思いました。

　25分から自分で何ができるのか「気づく」ことができるかで行動は変わってきます。それを何のためにするのかを考えられるとさらにいいですね。

> **近藤さん**
>
> 　私は最近，森村さんの授業態度が変わったなと思います。前まではペアで話す時に「説明して」と言っても「えーっ」と言っていつも私から話すようになっていました。でも，ここ最近は向かい合わせになるとすぐに自分から話し始めるようになりました。あと，私が話している時に前までは下を見ていて少し話しにくいなあと思うことがありました。でも，今はきちんと体を向けてくれたり，頷いてマジックフレーズをつくってくれるようになったりしました。だからとても成長したんだなと感じました。

　森村さんはペアになっている子の気持ちや学ぶことでわかるんだという「気づき」。近藤さんはその変化への「気づき」。そうしたことをお互いに気づけるって素敵ですね。

## 通信のねらい

　ある子の変化には必ず，他のある子が関わっています。そのことをできる限り伝えることで，学級をいつも陰ながら支えている子にクローズアップしたいと考えています。このようにして，ある子の変化の裏を意識するようになれば，この教室での居場所を多くの子が発見できるようになります。居場所ができれば，安心ができ，子ども同士がよりつながりを深めていきます。

48

# 自分達で楽しむために

企画することの楽しさ，そこにどのように参加すると良いのかを伝える

## ◆すごかったよね，「謎解きの館」

火曜日は係の奥村さん，桜川さん，田川さん，中山さん，佐々木くん，松川さん，村岡さん達が協力してリアル脱出ゲームを作りました。正直，小学生が作ったものではない，プロが作ったように先生は感じました。最初の映像から，ヒントやエンディングの映像はもちろん複雑な問題まで，これを小学生が作ったのかと衝撃的でした。

作った人はいろんなことを学んだと思います。そして，当日，自分が考えた流れに沿って他の人たちが動いているのを見て，楽しかったと思います。それは，先生が授業をしている時の気持ちときっと似ていると思います。自分が準備したものに対してみんなが熱中する喜びや楽しさは作った人だけが経験できる楽しみですね。なんでもそうですが，主体的に動いた人だけが感じられる感覚・感動があるものです。次回作を楽しみにしています。

## ◆楽しかったハロウィンパーティー‼

昨日は仮装して，ハロウィンパーティーをしました。先生は茶色の全身タイツを着て，犬の格好をしました。こういう時は「アホ」になったもの勝ちです。先生は誰よりも楽しむことに決めています。何事もそうですが，全力で楽しんでみることです。冷めて見るのではなく，全力でやってみると楽しいことも多いし，周りも笑顔にできて結果，もっともっと自分もハッピーになれますよ。みんなにも，どんなことも楽しむ工夫をお勧めします！　一生懸命，楽しむと奇跡が起きますよ‼

大木さん

今日の４時間目にハロウィンパーティーをしました。その時の先生の仮装がすごく面白かったです。私が笑った理由は気持ち悪くて笑ったんじゃなくて，もうすぐ40歳なのに，10代の私達より仮装に力を入れていて，誰よりも張り切っていたんだなと感じたからです。

今回のハロウィンパーティーだけでなく，サッカーでも子どもより良いプレーをして，見学者から見ると，体育というより先生がゲームを楽しんでいるように見えています。でも，先生が楽しそうにしているから周りの人達も楽しそうにしているのかな？と思いました。先生がいない時も楽しそうだけど，先生がいると，よりみんなが笑っているような気がします。見ている方もすごく面白いです。

## ◆調理実習をしました

昨日は家庭科の時間に調理実習をしました。みんなの手際が１学期の頃より良くなっているのを見て，それぞれの成長はもちろん，協力して動けるようになっていることがこういうところにも出ているなと感じました。みんなの仲の深まりはこうしたところにもつながっていることを感じました。

今回は特にある人の動きが目にとまりました。それは伊藤くんです。伊藤くんは他の人が調理している時に必要なくなった鍋やボールなどを手際良く洗っていました。常に他の班より調理台が綺麗で清潔に保たれていました。

今回作ったマッシュポテトを是非，おうちの人にも作ってくださいね。これまでに学習した味噌汁も作ってみてくださいね。

## 通信のねらい

子ども達がイベントを企画する機会を多くつくっています。その際には，企画書を書きます。「①目的②大まかな内容（必要があればクラスでの話し合い）③希望する日時④担任に協力してほしいこと」が企画書の中身です。企画を通して，中心メンバーだけでなく，参加するメンバーがどのように動くといいのかも話し合います。そうすることで企画する人の気持ちと，それに対する協力的な姿勢を学ぶことができればと考えています。

**49**

# 「足る」を知る

「足りない」ではなく，「足りている」ことに目がいくようにする

## ◆足るを知る

昨日は「足るを知る」の話をしました。日頃，みんなは「足りている生活」をしています。歩ける足があり，見える目があり，使える手があります。そうして「足りているありがたさ」に目を向けていると人の脳は「足りている人生」を無意識にも見せてくれます。

その反対に「足りていない生活」に目を向けると「足りていない人生」を無意識に見せてくれます。どちらの人生を生きるのもあなたの自由ですから，自分の見たい方を意識して多く見ることをお勧めします。

今日一日，朝から今までの時間であなたは足りていることに感謝している時間が多かったですか？　それとも，足りていないことに不満を言っていることが多かったですか？　あなたの声を一番聞いているあなたの脳は，あなたが考えること，あなたが発する言葉であなたをつくっていきます。そんなことを意識してみてくださいね。

昨日，お風呂で本を読んでいるとふとこんな言葉が目に入ってきました。元アメリカ大統領のテディ・ルーズベルトという人の言葉です（ちなみに先生は本を同時に5冊読みます。いろんなところに本が置いてあります。お風呂にもトイレにも本が置いてあります。リビングにも寝室にも本が置いてあります。カバンの中にも2冊はいつも本が入っています）。

> まだできていないのを眺めるのをやめて，先にあなたにできることをしなさい。今いる場所で，今あるもので。それこそが未来成功にいける人。

できない，足りない，不幸だと嘆いている時間があったら，できることがたくさんあります。先生は，できることから，足りていることに感謝し，幸せだと感じながら生きていきたいです。あなたの人生，あなたはどう生きていきますか？　それによって人生は大きく変わっていきます。今日の最後にフィンランドのことわざを一つ紹介しますね。

> 成長しようとする人には草も花となる，いじけた人には花も草に見える。

　あなたは教室が花に見えていますか？　それとも草に見えていますか？


### ◆みんなの日記より

**橋本くん**
　今日の2時間目の後の休み時間に縄跳びの練習をしました。僕は二重跳びが跳べないので下山さんと奥田さんにコツを聞きました。そのコツを聞きながらイメージしながら何回かやってみると，今までなら1回しかできなかったけど，今日は10回近くできました。下山さんと奥田さんに感謝です。もっともっと跳べるように頑張って練習して，30回以上跳べるように頑張りたいです。


### 通信のねらい

　学校では，「足りていないこと」を指摘されることが多いです。何かができても，もっとこうするといいとアドバイスをもらい，何かができていなければそれを指摘され，アドバイスをもらう。こうしたことが悪いのではなく，こればかりしていると子どもは常に「足りない」に目を向けるようになります。結果，人間関係の中にも「足りない」ばかり見るようになります。

　この時期に限りませんが，僕は子どもが「足りている」ことにできる限り目が向くように話します。そのためには偉人の説話を紹介したり，古くからこのような考えがあることを紹介したりします。子どもが無意識にもそういう風に考えられるようになるまで，何度も何度も伝えます。

## 50 結果よりプロセスに

過程の中にこそ次につながることが多くあることを知らせる

### ◆結果よりプロセスを楽しむ

昨日は箕山くんが開脚跳び，閉脚跳びが一気にできました。まずはおめでとう！

---

**津田くん**

今日，6時間目に体育をしました。閉脚跳びを原さん，井本さんが教えてくれたおかげで跳べるようになりました。とても感謝しています。そして，台上前転が怖くてやろうと思ってもできませんでした。でも，中村さん，坂田さん，井河さんが勇気づけてくれてできるようになりました。とても楽しかったです。

---

**近藤さん**

私は今日の5時間目の体育で自分に優しい友達がたくさんいるんだなと感じました。辰本さんや山城さん，安田さんに河合さんは「頑張れ！」「大丈夫！」などと声をかけてくれました。それに上野さんや松井さん，久保さん，工藤さんはアドバイスをくれました。中山さんは自分の練習中にも関わらず，私のために一緒に跳び箱を跳んでくれました。井村さんは体育が終わっても，「いつか跳べるようになるから大丈夫！　元気出して」「またいつかやる時に一緒に跳べるようになろ！」と励ましてくれました。だから，これからも仲良くして，たくさんの子と関わろうと思いました。

---

人の成長は結果が出るその瞬間だけでなく，それよりもプロセスにあると思っています。プロセスとは過程のことです。

例えば，体育で跳び箱を何段か跳べるようになったことは素晴らしいことです。でも，それ以上にそこに向けてどんな学び，どんな気づきができたかがもっと大事だと先生は考えています。結果は一瞬で，その間のプロセスの方がずっと長いです。一見すると，結果が出た時は嬉しく，結果がなかなか出ないプロセスは辛くなることもあります。しかし，そのプロセスの中にこそ，周りの支えのありがたさや優しさ，自分の逃げずに楽しむ姿勢に気づけるものです。そうして，他の人から見たら辛そうなプロセスさえ，楽しんだり，成長の糧にしてしまえたりする人こそ，伸びていく人，幸せになっていく人ではないかなと先生は考えています。これも，昨日，話した「足るを知る」ですね。先生は物事ができたか，できていないかだけでなく，その間にどんなプロセスがあったのかが大事だと考えています。

　この2人の日記からはそうしたプロセスを感じますし，昨日の日記で一番多かったのは近藤さんからやる気をもらった，すごいと思ったという内容です。それを守口さんは「心の跳び箱をいっぱい超えていた」，村本くんは「今日のMVP」，下山さんや山川さんは「勇気をもらった」と書いていました。ということは，跳べたかどうかは問題ではなく，そのプロセスに人は心が動かされるということです。そんな大事なことを感じた，昨日の体育の時間でした。ありがとう。

## 通信のねらい

　子ども達は足りないことと同時に，結果ばかりに目を向けています。これも，大人がつくった悪い観点です。日本ではテストで95点を取っても，「惜しい」という言葉をかけます。95点を取るまでにどんな学習をどんな風にしたのかは気にかけず，足りない5点ばかりに注目します。物事は，結果よりもその過程の中でたくさんの学びがあります。反省して改善することも，その中で継続した方がいいこともあります。そのことを見られるようになるといいですね。

**51**

# いちいち愛を感じてみる

友達を満たす前に，まずは自分から満たせるようにする

## ◆いちいち「愛」を感じてみる

　先生は，今，脳についての勉強を1年半ほどしています。その中で学んだことを月曜日に話しました。人は1日に6万回も思考していると言われています。そして，その90％以上が無意識です。

　例えば，腕を組んでみましょう。今，左腕か右腕，どちらかが上に来ていると思いますが，どちらを上にするのかは無意識に選択しています。こんな風に人は無意識に自分の行動を選んでいます。

　このクラスには，「完璧にこなしたい」と感じ，何事にも一生懸命な子がいます。これは素晴らしいことですが，行き過ぎると，頑張らないと認められないと感じたり，一生懸命しない自分は価値がない，人から嫌われると感じたりすることがあります。また，こうした人は考えを発表することを苦手に感じやすくなります。

　こうした自分を変えようと意識しても，無意識の自分が邪魔します。この無意識を変えるのはなかなか難しいものです。だって，自分10人が「変わろう」と思っても，自分の無意識の90人が「いやいや，簡単に変わっていいの？　大丈夫なの？　やめておこうよ」となるからです。

　そこで，月曜日にその方法を一つみんなに伝えました。それは，いちいち愛を感じてみることです。そんなに難しくありません。

　今日，あなたが食べたものは，家の人が作ってくれました。それはスーパーから買って来ました。そして，それは畑で作られました。それは，土と光と水と空気で作られました。地球からできたものです。今日，あなたが着ているものは，家の人が買ってくれました。それは服屋さんで買って来ました。

それは工場で作られました。それは，鉄鉱石や石油などから作られました。どれも地球からできたものです。そんなことを感じて，自分はたくさんの愛に包まれているなあと考えるだけです。

　人の無意識は食べ物や地球を愛と認識するそうです。だから，あなたはたくさんの愛に包まれていることを意識して生きているうちに，それがあなたの無意識になっていきます。やってもらうことを待ってばかりの人にも効果がありますよ。無意識にも不満ばかりを見つける人，無意識にも自分が幸せなことばかりを見つける人。あなたは，どちらの人になりたいですか？
　こうしているうちに「完璧じゃなくても大丈夫」って感じられるようになって動けたり，自分の中にエネルギーが溜まって人のために動けたりもします。人の無意識に影響を与えるには21日間，必要だそうです。ですから，意識して21日間，まずは実験してみてくださいね。

### ◆「我以外皆我師」の意味がわかりますか？
　自分以外の人はみんな自分の師匠のように見て，どんな人からも学べる人がいます。そうではなく，人のことをいつも下に見て，バカにする人がいます。前者の方が人生豊かに生きていけますし，多くの人に大事にされると先生は考えています。なぜだかわかりますか？　あなたはどちら寄りですか？

## 通信のねらい

　子ども同士が認め合えるようになるには，まずは，自分が満たされていることが大切です。自分が満たされていないのに，無理してやると，周りに不満を感じやすくなるからです。こうして自分が満たされていることを知ると，自然と周りの人の「当たり前」と思っていた行動にも着目できるようになり，それによって他人にも同じように優しくできるようになります。そうすることで，子ども同士が認め合える仲になっていきます。

52

# ちゃんとできなくても大丈夫

完璧主義な子や頑張りすぎる子の気持ちを和らげる

## ◆ちゃんとできなくてもあなたは素晴らしい

「ちゃんとできていいね」と褒められると人ってうれしくなりますね。先生の娘も「ちゃんとできて偉いね」というと嬉しそうにして、その行動を続けようとします。そうして、しっかりちゃんとしている人に何かを任せると責任をもってこなしてくれるし、先生もすごく助かります。川本さんは誕生日係や委員会の委員長として自分のやるべきことを一生懸命取り組んでくれています。その姿を見て、先生はなかなか真似できないなと思います。

こうしたことができる人は、少し肩の力を抜いたり、これまでのやり方を変えたりしてみるといいなと思います。どんなスポーツでも、最初は力の入れ方を教えてもらいます。そして、次にいかに力を抜いていくかを学んでいきます。

「ちゃんと」できる人は次は力の抜き方を考えてみてくださいね。その中で、あなたは今までとは違う失敗に出会うかもしれません。でも、その中で取り組む姿も素晴らしいと先生は思っています。完璧はしんどいものです。肩の力を抜いて、いろんなことをいろんな方法で楽しむことができたら、これまでとは違う自分と出会ったり、今までとは違う友達の姿が見られたりするようになるかもしれませんね。

そもそも先生が伝えたいことは、「頑張らなくても、完璧にできなくても、あなたがこの教室にいてくれることだけで空気が温かく、柔らかくなっている」ということです。実際に川本さんや桜さんは、落ち着いた、温かい雰囲気をもっています。だから、2人の周りには平和な空気が流れています。

2人だけではありません。朝からみんなの顔を見ると、それだけで心が温かくなります。あなたは、いるだけでも存在価値がありますね。

そしてね，毎日の宿題もそうです。漢字３回というところをたくさん頑張る人がいます。しかも，丁寧な字で。そのことは素晴らしいです。でもね，この宿題に何分かかっているのかなって思います。先生なら20分でやっていることを10分でできないかを考えます。10分でできたなら５分で。そして，浮いた時間で別の好きなことをします。

　５分で３回書けなくても，それで100点を取れるなら先生は何も言いませんし，100点を取る工夫の中で回数を減らしたいという提案であれば，良い案だなと思って，実践してごらんと声を掛けます。

　何回も丁寧に書いて，先生から評価をしてもらうために漢字の勉強をしているのではありません。あなたが，漢字を使いこなしたり，その勉強の中で自分なりの学び方を学ぶためにやっていたりします。先生からの評価のためにするのではなく，自分のためにできるといいね。

---

**桜さん**

　最近の漢テ勉強の宿題では，書く量を減らして覚えることができてきました。前はテストに出ないところも書いて何ページもやっていました。それは，少ししんどかったけど，テスト勉強について日記に書いてからはそのようなやり方でできて，少し楽な気持ちになりました。それがとても良かったです。

---

## 通信のねらい

　子どもは小さい頃から自分の癖を崩せずにいます。教師にとっての「良い子」こそ，実は苦しんでいるのかもしれません。その子はなぜ，どの場面でも丁寧な字で書くのでしょうか。なぜ，漢字練習を人より多めにするのでしょうか。それを教師自身が考え，その崩せない要因に対し，声がけしてあげる必要があります。なぜ，その行動をとるのか。本当はやめたいけれどやめられないことがあるなら，それに気づき，対応していくことが必要です。

　そして，こうした苦しみ方をしていることを他の子が理解することも大切です。それがそれぞれの理解にもつながります。

**53**

# 居心地がいい

教師の想い，子ども同士の良さを伝え合う

## ◆この教室にいて感じること…

金曜日，2人の先生が教室を見に来られました。お2人とも口を揃え，「笑顔も，笑い声も多くて，すごく温かい教室ですね。想像以上でした」と話されていました。みんなが友達をそっと支える姿や話し合いで相手の話を一生懸命に聞く姿，楽しそうに学ぶ姿やどの場面でも協力する場面などなど，たくさんたくさんみんなの素晴らしさを話されていました。どうやったらそうなるのかと先生はたくさん質問もされました。

先生はこの日常に慣れてきていたけど，確かにそうやなと思います。5年生や1学期とはもちろん違うし，2学期最初の頃とも明らかに違います。右にある日記を読んでいてもそうだけど，みんなの優しさや思いやり，思考をして行動していることが感じられます。

松村さんがシュートをできるようになったのは，間違いなくチームメイトの支えがあってこそです。立山さんや野村くんもシュートを初めて決めましたね。上田さんも2回目のシュートを決めました。シュートを決めた人だけでなく，大木さんや山川さんの試合中の動きがこれまでと違って，よく動けてきています。そして何より，何試合しても，喧嘩にもならず，嫌な雰囲気にもならないのは6の1の凄さだと思います。

だって，思い返してみてください。小学校でのこれまでの体育なら，試合に勝っただの負けただの，あの子がああだこうだと機嫌を悪くする人が1人や2人もいたものです。それがもういないよね。それはクラス全体の空気の温かさでしょう。そんな教室の一員としていられることを先生は幸せに思います。ありがとう。

**川藤さん**

　今日は３時間目に体育をしました。自分や同じチームの人が「何様」にならず，松村さんにシュートのやり方などを聞いていました。自分がわからないところをわかる人に聞くと，わからない人はわかるようになり，わかる人は教える力がつくので一石二鳥だなと思いました。私も「何様」にならないようにします。

**松川さん**

　私は，今日の３時間目の体育で初めてシュートを決めることができました。入れた時はとっても嬉しかったし，みんなが「すごいなあ」とか「すごい」とか言ってくれました。みんなの支えがあるから，チームが一つになれたと思います。だからこれからも，チームプレイをしていきたいと思います。

**河合さん**

　今日の国語の授業で，私が話す方だったので川元さんの側に行こうと思ったら，川元さんがすぐに横にきて，話を聞いてくれました。私が，「横，私が行くで」と言っても，床に膝をついてまで真剣に聞いてくれました。終わった時には膝に砂がついていたのに，気にせず，スッと戻っていきました。

## 通信のねらい

　この時期になると，担任自身が教室に対してどのように感じているのかを話さなくなっているのではないでしょうか。教師自身が「ここまで指導してきたんだから，これくらいできて当然でしょ？」となり，子ども達が続けて頑張っていることを無視し，「足りないこと」ばかりを伝えていないでしょうか。

　身近な大人の真似を子どもはするものです。教師自身が子ども達の頑張りをこの時期だからこそ伝えることが大事ではないでしょうか。

# 人のニーズを満たしていこう

ニーズを満たすことで，周りとの関係が変わることを伝える

## ◆話し合いの中での課題

　話し合いに大切な力，みんなは何だと思いますか？　さて，今，あなたが
ペアの人と考えたことはもちろん大事な力だと思います。話し合いが成立す
るためにはいろんな力が必要ですから，一つだけではありません。そうして
色々な力はあるけども，先生が特に大事だなと思う力は「聞く力」です。こ
の聞く力があると，話す人はとても話しやすいだけでなく，話を聞き出して
もらえるので，とても満足します。そして，それによっていろんな意見が出
るので話し合いが豊かになったり，広がったり，深まったりします。

　その逆に……これはある人の昨日の日記です。みんなは何を感じますか？

> 　今日嫌なことがありました。6時間目のマップを使って話し合っていた時，誰
> かは言わないけどずっと色鉛筆などをいじって，人の話も聞かない人がいました。
> ツッコミインタビューの時も，「え，次？」「質問したの？」など，絶対，話を聞
> いていないなという感じでした。そして，自分の意見を言う時だけ，めちゃくち
> ゃしゃべっていました。そうすると，他の2人はその人の意見に納得していまし
> た。まったく意味がわかりませんでした。

　この相手の人は，こんな風に同じグループのメンバーが感じているとは思
っていないでしょうし，もしかしたら他の班のメンバーは，この日記を書い
た人に対し，「何をイライラしてるの？」と感じたかもしれません。

　人の話を聞かずに，人を粗末にしていると，自分でも気づかないうちにこ
んな風に相手を傷つけることがあります。そして，それは他の人のやる気を
奪っていくことにもつながっていきます。その逆に，マジックフレーズやツ
ッコミインタビューを使って，相手に関心を示せば，そこにいる人の力をつ
けることができるようになります。

つまりは，そこにいる人達が望んでいること，それをニーズと言いますが，同じグループの人のニーズを満たすために，何ができるか考えれば，「聞く力」はもっともっと伸びていきますし，聞く力が伸びた人は，話し合いがすごく上手になります。もちろん，自分にとって興味がわかない話し合いがあるかもしれません。でも，その話し合いを楽しくするのも，嫌な空気にするのもあなた次第です。昨日の連絡帳のように話し合いの場面でも自分なりの工夫ができる人になれるといいですね。そうして，相手のニーズを自分の工夫で満たせる人が将来，お金を稼げる人にもなっていきます！

### ◆1.01と0.99の法則

　1.01と0.99はほとんど差がありません。しかし，1.01を365回かけたものと0.99を365回かけたものは全然違います。

　今日1日を「よし，昨日より少しやってみよう！」と毎日過ごす人と「まっ，これくらいいいよな」と手を抜いて毎日を過ごす人では365日，つまり1年経てば大きな差になります。1.01は最初の37倍に，0.99の方は最初の0.025倍になります。あなたはどちらになりたいですか？

　毎日のように自分で自分にスイッチを入れ，朝から過ごしている人がいます。毎日のように先生にスイッチを入れてもらい，過ごしている人がいます。この1年が終わった時に，それは大きな差になると先生は思います。

## 通信のねらい

　子どもには，「将来，お金を稼ぐんだよ」という話もします。綺麗事ではなく，お金を稼がなければ大きな人助けはできないよと話します。そして，お金を稼ぐためには，常に目の前の人のニーズを探ることが大事だよと話しています。人によってニーズは様々です。そのニーズを満たすには，様々な工夫が必要です。自分のやりたいことを通してばかりでは無理です。そうしたことを子ども達に伝え，人のニーズを考えられるようにしたいです。

**55**

# 付加価値をつける
物事に自分なりの工夫を加えて，新たな取り組みにつなぐ

## ◆付加価値をいろんなところにつける

　今，付加価値をつけることを楽しんでいますね。前は，消しゴムと鉛筆を使って五つのゲームを作ってもらいました。それは，消しゴムと鉛筆にあなたのアイデアを付加したものです。この間は，１枚６円の画用紙のテストファイルを自分のアイデアで50円以上のファイルにするという宿題を出しました。

　そして，昨日は「あいさつ勝負」をしました。この取り組みはあいさつに付加価値をつけたものです。先生が以前の学校で４月にやっていたものですが，子どもはみんなゲームと思って楽しみます。あいさつをどちらが早くするかという単純な要素を加えるだけで，多くの子はあいさつを自分からやろうと意識をします。しかも，相手に聞こえる大きな声で。これってあいさつで大事なことを教えなくても，付加価値をつけただけで勝手に相手がすることになります。あいさつにアイデアを加えるとこうしたことが起こります。

　これは遊びを通して，「あいさつもいいものだな」と感じられるところがミソです。人は無意識にも楽しいことは続けようとします。逆につまらないものや意味を感じられないものはやりません。先生の仕事は，子ども達が「つまらない」「やりたくない」と思うことを「いいかも！」「やってみたい！」「続けていこう！」と思わせるきっかけをつくる仕事です。そんな仕事を先生はワクワクしてやっています。なんか仕掛けをするみたいで面白いからです。

　では，こうしたことは大人になってから始めることでしょうか？　いえ，そうではないですよね。子どもの方が発想が豊かで，柔軟な部分もあります。大人の目線から気づかないことも子どもの目線で気づくこともあります。

先生は思います。大人にしかできないことがあるように，子どもにしかできないことがある。他人にしかできないことがあるように，あなたにしかできないことがある。それをいろんなものに付加価値をつけながら試してみてくださいね。

## ◆活動をする中で…

今，スピーチの練習をたくさんしています。その時にサッとペアになり，誰とでも話せる関係をみんなが4月からつくってきたんですね。

この前は卒業遠足の班を決めました。くじで。どの班も班になった瞬間から楽しそうにどこから回るかを話し合っていました。これも4月からみんながつくり上げてきた人間関係の結果です。

体育の時間も先生は感心しています。どのチームも勝利を目指しながらも楽しんでいます。負けてもイライラせず，みんなで次に向けて作戦を考えているチームも多くあります。ウォーミングアップでいろんな人と手をつないで遊んだりするゲームでも男女関係なく，サッとチームになって取り組める。これもみんな，あなた達がつくってきたクラスです。

今週1週間，先生はとても早く時間が過ぎていきました。昨日，河田さんは「もう給食」と言っていました。同じように時間が早く過ぎていってるんだなと嬉しく思いました。先生はこの教室で過ごす時間が本当に幸せなんだなとそんなところからも感じます。

### 通信のねらい

この時期，子どもにはこれまでの学びを活かし，活動できることを考えています。その中でも，全ての活動に付加価値をつけていくことを子ども達と楽しみながら，実践することを大事にしています。何事も言われたままやるのではなく，そこに少し何か工夫をしてみる。周りのニーズに合わせて工夫をしてみる。そんなことができるようになるといいなと考えています。

56

# 卒業式の裏の動き

動きを知らせることで，支えられていることに気づけるようにする

## ◆あなたの卒業証書のために

　みんなが卒業するまでに，みんなの知らないところでもう準備が始まっています。先生は，そのことをみんなが知らずに卒業式を迎えるのは，勿体ないなと感じています。こんな言葉を先日，本で見つけました。

　「とかく忘れてしまいがちだが，幸福になれるのはもっているものに気づき，それに感謝の念を抱いた時だ」（フレデリック・ケーニッヒ）

　学校には何人の教職員がいますか？　「教員」ではなく，「教職員」ですよ。何人の名前が言えますか？　教頭先生や事務職員さん，管理作業員さんはどんな仕事をしているか知っていますか？

　卒業式には，卒業証書が校長先生によって一人一人に授与されます。その卒業証書には学校の印（校印）が押されています。その証書に昨日の放課後，印が押されていました。1年の田中先生，2年の境先生，佐藤先生，津村先生，3年の古川先生，4年の村井先生，5年生の井村先生，なかよし学級の大田先生，国先生，教務主任の相須先生が，みんなの帰った15時からされていました。そして，この前には，証書にどのように名前を書くかを保護者の方に書いてもらう手紙を作ってくれた相須先生がいます。それをチェックした教頭先生，校長先生がいます。この証書を注文した村森さん，矢野さんがいます。生年月日や名前などに間違いがないかをチェックした松山先生，栗元先生もいます。あなたの証書1枚のために多くの人が関わっています。

　これは卒業証書の話ね。卒業証書の他にも，みんなはいつもこうして自分の知らないところで人に支えられています。卒業式に向け，どれだけの人が関わっているのか想像してみるといいですね。そうして，その方達にお礼が言えるような人になってほしいなと先生は思います。

自分の人生がこうしてたくさんの支えの中にあることを知った時，自分の人生が豊かだなあと感じ，もっともっと豊かが押し寄せてきます。

## ◆いくら丼からいくらがあふれた時こそ焦らない

　先生が聞いたお話です。いくら丼にどんどんいくらが落ちてきて，丼からこぼれた時，あなたはどんなことを思いますか？　それを眺めながら，「良いなあ」と感じたり，「もっとこぼれてもいいよ」と思ったりできますか？

　先生には，仕事が山のようにあります。先生が自分で管理できないほどの仕事の量です。小学校での仕事もたくさんあるし，講演会にも行くし，自分の本も雑誌の原稿も書いています。他にも自分が仲間とやっている勉強会もあるし，自分が学びに行っている勉強会も５個あります。もちろん娘もまだ３歳なので，お出かけも一緒にしたいです。

　自分の仕事が間に合わず，自分の手からどんどんこぼれ落ちるようになってしまいます。そんな時，人は焦ってしまったり，不安になったりし，イライラしたり，落ち込んだりします。でも先生は，こぼれた仕事を見ながら，自分にはこんなにも仕事が押し寄せてきて幸せだなあと思い，そして，「もっと仕事きていいよ～」と思うようにしています。そして，完璧に１人でこなそうとせず，ヘルプを出し，目の前のできることに一生懸命取り組みます。そうすると不思議といろんな人が自分の仕事を手伝ってくれたり，代わりにしてくれたりもします。結果，自分の器が広がり，より多くのいくら（仕事）をもらえるようになります。もちろん仕事はお金に変わっていきますね。

## 通信のねらい

　子どもは，自分がどれだけの人の支えの中で日々生きているのかは伝えなければ気づくことができません。小学校生活最後の行事，卒業式の裏でこのような裏の支えに気づかない「おめでたい卒業生」ではなく，そうしたことへ感謝を感じられる子どもになってほしいなと願っています。

57

# 引き算より足し算

できなかったことより，できたことに注目できるようにする

## ◆引き算ではなく足し算を

　昨日は先生の誕生日をサプライズでしてくれました。先生はめっちゃ感動しました。何に感動したのか。それは，そのクオリティの高さだけでなく，その裏で一生懸命に企画，練習する姿を感じたからです。「先生にサプライズをしよう！」と誰かが言って，みんながみんな，そういう風に人を祝ってあげたいという気持ちになるわけではありません。40人いて，40人ともがそういう風に感じるわけではありません。だからこそ，その中で，リーダーをかって出た人のすごさを先生は感じています。きっとね，昨日の会が始まる最後の最後の瞬間でさえ，みんながみんなあなたの思う通りに動いたわけではないでしょう。でも，あなたが最初に描いた理想は，昨日叶ったのではないでしょうか？　ということは，あなたは人に期待しなくても，自分のできることを一生懸命し，人にヘルプも出しながら取り組むだけでいいんだと思います。その中で二番目に動くリーダーを支える存在が現れたでしょう。そして，それに賛同して前向きに動く人が増えたと思います。

　人が自分と同じ気持ちの熱量で動いてくれることはほとんどありません。先生もそんなことによく出くわします。そんな時，自分の理想から現状を引き算するのではなく，やろうと思った０の地点から何が増えていったかに目を向けます。つまり，０からの足し算を毎日毎日，自分の「こうなりたい」「これをしたい」に足していきます。質を高めていきます。そうした時にだけ，奇跡は起きるものです。昨日は先生にとって，奇跡の時間でした。

　昨日はこの１年のみんなの姿の凝縮したものを見せてもらった気持ちになりました。みんなで考えたオリジナルゲーム。そこに参加し，人のモノマネを楽しむ姿。先生に隠れて書いてくれた色紙。教室中を飾ってくれた一つ一

つの花紙や画用紙。サプライズ中にさらにサプライズをするためにゲームで誘導してくれた流れ。教室でのビデオのスライドショー。そして，歌2曲。加藤先生にお願いして，練習していたこと。音楽室を使わせてもらったことも。何より，この日に向け，3人がピアノの練習をしてくれたことも。林さんはピアノ習ってなく，楽譜も十分に読めないのに，あれだけの演奏ができたこと。立山さんと井村さんが連弾でできるようになるまで2人で練習してきたこと。それにかけた3人の時間。そして，それに協力した人の時間。

　こうして企画を最初にしてくれた人の思いにこれだけの協力をしてできた誕生日会に招待してくれたことに感動しました。そして，先生自身，先生の運や素晴らしさを感じさせてもらえる素晴らしい機会になりました。こういう時，先生は「自分がどれだけの愛に囲まれて生活できているのか」ということを徹底的に自分に伝えるようにしています。それができたことが何よりのこれから前に進んでいく先生へのプレゼントになりました。ありがとう。

　みんなに伝えたいのは，人生は引き算ではなく，足し算で考えるということです。希望を描きながら，日常に対して足し算で考えることです。今日，完璧になる必要もない。目標のあの日に完璧になる必要もない。目標のあの日までに，希望に向かって一生懸命な自分がいたらそれでいいのではないかと先生は考えています。

## 通信のねらい

　子ども達が教師にサプライズをしようとした時，後ろ向きだったり，非協力的だったりする子はいるものです。その子に祝う気がなかったり，その子が嫌な子だったりするのではなく，そうしたことに興味がない子もいるものです。協力してくれなかったというマイナス面よりも，ここまでつくり上げることができたプラス面を見られるようにしたいなと考えています。これは，どの場面でもです。「100点－現状」ではなく，スタートから積み重ねてきたものを見られるようになるといいなと考えています。

## 58

# ありがとう

教師の素直な想いを伝え，子どもを前向きにする

## ◆ありがとう…

金曜日は，みんなからの感謝を伝えるサプライズ映像。ありがとうございました。木曜日に作ったみんなのクラッカー，おいしかったです。そんな風に裏でみんなが考えてくれていたのに先生と言えば，「先生の分のクラッカーを食べてしまうなんて……残念……食べたかった……」と年甲斐もない振る舞いを取っていました（笑）。大変申し訳ありませんでした。

こうしてもらった時に，先生はあのメッセージやクラッカー実物より，その裏でみんながどんな風に動いてくれたのかなあと想像し，そこに感動をします。ただ，今回は感動もしたけど，それまでの自分の行動に恥ずかしくなりました……。反省しています（笑）。

先生は，みんなに何にもできていないのに，ここまでしてもらって本当にありがとうという気持ちになりました。ただ，先生がもし他の人よりできていることがあるとしたら，それは「あなたの未来の可能性を疑ったことがないこと」です。先生はみんなのことを陰で悪く言ったこともなければ，みんなの力がなくて何かができないと言ったこともありません。それは，やはり，みんなの中にある力を疑ったことがないからです。できると最初からわかっているからです。先生は自分が無力だと感じることがあるし，教師としてできることの限界を感じることもあります。でも，あなたが絶対幸せになるし，運がいい子なんだということを疑うことはしません。先生はみんながそれぞれ植物の種のようにもう完成した力をもっていると考えています。

植物の種から芽が出て，茎が伸び，葉が出て，実をつけるには，いろんな条件が必要です。その中に周りの誰かが「芽が出て，花が咲く」と信じるこ

とが大事だと先生は思っています。それは家族でもいいし，友達でもいい，もちろん先生でもいい。誰でもいいから1人でもその子がその子らしい素敵な花を咲かせるに決まっていると信じることが大事だと思っています。

日本語の「魂」というのは大和言葉では「たま」と「しい」に分かれます。「たま」は「御霊」と言って植物の種のようなもので，もうあなたの全てが詰まっている，完成しているものという意味だそうです。その「たま」を「しい」という感情が包んでいます。日本語で「しい」というのは感情です。「嬉しい」「楽しい」「悲しい」「寂しい」全て「しい」がつきます。この「しい」をコントロールしていくと「たま」の自分を生きていけるという意味があるそうです。ちなみに体は「空だ」という意味で，この魂（ひ）が留まるところで「ヒト」と言います。こんな風に言葉一つ一つにも意味があるって面白いですね。

話を元に戻しますが，先生はみんなの可能性や運を誰よりも信じています。みんなが卒業しても，大人になっても，先生はあなたの未来が良くなるに決まってるんだと信じて疑うことはありません。あなたの未来が明るいことを信じています。

## 通信のねらい

「あなたには，無限の可能性があります」という言葉はよく聞きますが，子どもにその言葉をたくさん伝えているという大人はどれくらいいるのでしょうか。僕はそのような言葉や，「愛してる」「大好き」などの言葉をしょっちゅう子どもに伝えます。それは，何かを頑張った時だけでなく，何も頑張っていない，子どもがボーッとしている時にこそかけます。

子どもが常に前向きになっていれば，教室の空気は温かくなります。そのための一つが教師からの声がけであれば，惜しげもなく，恥ずかしがらず，たくさん感謝の気持ちや好意を伝えるといいのではないでしょうか。

59

# 本当はどうしたいの？

逃避しそうな自分に対してどう声がけするといいのかを伝える

## ◆本当はどうしたいの？

　先生は時々，朝，「もう少し寝てたいな」「今日は学校休みたいな」と思うことがあります。先生は学校も大好きですが，休みの日も大好きですから，時にはサボりたくなることがあります。そんな時は，きまってこう聞きます。

　　　「あなた，本当はどうしたいの？　将来，どうなりたいの？」

　これを自分に聞くと，「もっと豊かになりたい」「学校を作りたい」という自分の夢が出てきます。そこで，「ところで，今日休むことは未来のどんなことにつながり，休まないことはどんなことにつながるの？」と聞きます。そうすると，「休むと仕事がたまり，信頼が失われ，自分の夢は遠のきます。仕事に行き，一生懸命することが夢に近づきます」という答えが自分から出てきます。ということは，仕事に行くことが，先生の本当はやりたいことになります。

　人は易きに流れやすいものです。ついつい，楽をしようとします。しかし，それは自分の本当にしたいことかどうかを自分に問い続けることが大切です。自分を甘やかすことは実は自分の夢を遠ざけることになるかもしれません。

　みんなの6年間の授業や宿題への向かい方を眺めてみましょう。それは，あなたが「本当にやりたいこと」でしたか？　ただ，甘やかしてきてはないでしょうか？　もしそうだとしたら，ここからどうするか。あなたの人生ですから，決めるのはいつもあなたです。

## ◆「音楽」なのか，「音が苦」なのか

　国語のスピーチでは，「表情も情報」とみんなで学び，伝える活動なのにマスクをして表情が読めないのはおかしいなどと話しましたね。これは，音楽でも一緒です。あなたのお家の人はあなたを見に来ます。6年生全員で歌うわけですから，あなたの歌声だけを届けることは難しいです。だけど，歌う表情や雰囲気はあなただけのものを伝えられます。

　昨日は箕山くんと近藤さんに目がいきました。この2人は気持ち良さそうに，楽しそうに歌っていました。多くの人は，口を開いているのはわかるけど無表情に近く，「どんな気持ちで歌ってるのかな？」「何を伝えたいのかな？」と思いながら見ていました。曲が進んでいくうちに表情も良くなっていったので，意識すれば変わるのだと思います。やはり，何を伝えたいのかを考える必要があるなと思います。何人かは残念ながら歌を覚えていないんだなという感じで，正直，「音が苦」になっているなと思います。音楽は先生がしてないから本当のところはわからないんだけど，歌を覚えていないと口が動かないのでこちらから見ていると覚えてないことはわかってしまいます。

　曲数も多いですが，最後の参観日です。最後の音楽会です。「本当はどうしたいの？」と自分に今一度，問いかけてみてください。

## 通信のねらい

　人は易きに流れやすいものです。それは子どもも大人も変わりありません。子ども達がこれから先，生きていく中でそのような場面に出会った時にどのようにとらえると良いのかを伝えたくて，この学級通信を書きました。「本当はどうしたいのか」を考えず，自分を粗末にする方向にもっていくことが多いと，自己嫌悪になっていきます。

　ただ，教師である僕，これを伝えている僕も，まだまだそうして自分がぶれていることも伝えていきたいです。大人もこうして日々ブレながら，自分を調整しているんだと知れば，子どもも安心して前に進めるからです。

**60**

# 伝えられることを伝えられる時に

教師が限界を認めながら，それでも何ができるか考える姿勢を見せる

## ◆あと23日です

　今日から23日目が卒業式です。あっという間にその日がやってきそうですから，先生も伝えられることを伝えられる時に伝えていこうと思います。

　実は，金曜日，久しぶりに上靴のいたずらがありました。このクラスの子かどうかさえもわかりませんが，こうした問題が起きた時，やっぱり先生は悲しい気持ちになります。ただ，先生自身はそもそも自分には限界があり，それだけの力しかないことも十分にわかっています。一番出てくる気持ちは，いたずらをされた人やそのお家の人に申し訳ないなという気持ちです。そして，次に，そのいたずらがやめられない子へ「ごめんね」という気持ちです。

　先生はみんなとあと23日しか一緒にいられません。「体は離れても，心は一緒」という言葉もあり，もちろんその通りですが，やはり現実，こうしてこの仲間と共に学べるのはあと23日です。

　いたずらした人はこうした気持ちをもったまま卒業してしまうのかと思うと，やはり，先生は申し訳ないなと思います。わかってあげられないこと，気持ちを癒してあげられないこと，ごめんなさい。もちろん，先生にその子を取り巻くいろんな環境を変えてあげられる力はありません。先生にできることは，この子がそれでも変わる，その子の苦しみがなくなっていくだろうと信じることです。人は誰もが「幸せになる力」をもっていると信じることです。そんな思いがその子に届くといいなと思います。

## ◆上手だったスピーチ

　金曜日はスピーチの代表者の発表をしました。とても上手で驚きました。スピーチ部門で優勝した滝川さん，すべらない話部門で優勝した新田さんは

もちろんですが，班の代表で選ばれてきただけあってどの話も聞いていて6年生とは思えない話ぶりでした。代表者はスピーチ部門に松井くん，中村くん，本間くん，近藤さん，左橋さん，すべらない話部門で下出くん，瀬戸くん，花木さんでした。特に先生は下出くんの話し方が良かったと思います。身振り手振りはもちろん，話の中にオノマトペを入れたり，黒板の前の台を利用したりと本人なりの工夫がたくさん見られたからです。

　スピーチは自分の話を聞き手に伝えることです。この力はこれから先もずっといき続けます。いろんな場面で使っていきましょう。

## ◆金曜日までに

　今，作っているYouTubeの番組。金曜日が発表です。何様にならず，わからないことは周りの人に聞きながら作業を進めていってくださいね。楽しみにしています。

## 通信のねらい

　僕自身は子どもを変えることや学級を良くすることに対し，自信はありません。自分自身さえ満足に満たせていないのに，目の前の40人を満たすこともできないと感じています。教師には限界があるものです。

　ですから，一生懸命しても，自分の思った通りになることの割合の方が低いものです。うまくいったら奇跡のようなものです。そう考えると，日常の教育活動はとても楽になります。肩の力が抜けます。肩の力が抜けた分だけ，子どもの前で笑顔になれたり，優しくなれたりします。

　こうした教室で起こる問題もそうです。どうしてこの時期にこうした問題が起きるんだではなく，僕の実力では，こうした問題が起きるのが当然で，起きない年が奇跡なのです。僕ができることには限界があります。しかし，それをわかった上で，それでもなお子どもを信じ，一生懸命に取り組むことが教師という仕事なのだと考えています。

**61**

# 三つの嬉しかったこと

どの時期でも教師の想い，感動したことをまっすぐ伝える

## ◆感動しました

　昨日は，最後の学習参観日でした。何が嬉しかったかって，大きく三つあります。まずは，３時間目にみんなで練習した表現の練習をみんなが自分なりに活かしていたことです。空を飛んでいくツバメをイメージしている様子や夢を諦めないでと優しくも温かく声をかけているイメージなど，これまでとは全然違って見えていました。そんな風に素直に取り組めるってすごいですね。これはもう，みんなの力です。

　次に40人みんなが揃って，いや120名全員揃って舞台に立てたことです。昨日は加藤くんも最初から最後まで舞台に立ちました。それぞれがそれぞれの形であの場で何かを伝えようとしていたことに感激しました。お家の人が仕事で来られなかった人もいると思います。正直，それはさみしいこともあると思います。先生も小学生の時，親が仕事でよく来られなかったのでその気持ちはわかります。だからね，その分は先生がこの目にしっかりと焼きつけました。あなたの仲間と心を合わせて歌った顔は先生の宝物です。家の人に気持ちを伝えた人もいるだろうし，この仲間と声を重ねる楽しさを感じながら歌った人もいると思います。それぞれがそれぞれの頑張りをしていたところに先生は心が震えました。ありがとう。

　そして，最後に，５年生の時からの成長を感じたからです。言葉では全ては書けないんだけど，みんなが成長したなあって。それを思い返していると，最後の歌で涙が出てきました。「この素敵な時間がずっと続けばいいのになあ」と思って。みんなとこうして毎日，幸せな時間を過ごせていることに感謝しています。今日も１日，その幸せを感じながら，楽しく過ごしていきましょう。

◆図工の時間に…

　今，版画をやっている中で，多くの人が質問をしていますね。野原くんや森田くんはどういう順番で掘っていくのかをよく聞きに来ます。山上さんは線の太さはどれくらいがいいのかを質問に来ていました。藤井さんも背景を聞きに来たり，川田さんは白と黒のバランスを聞きに来たりしていました。こうして，わからないことはすぐに聞きに来る姿勢が大切ですね。何事も自分で進めるのではなく，「あれ？」と思ったら聞いてみる。

　もちろん，それは先生だけに聞くのではなく，友達でもいいわけですね。

　昨日，懇談会で「2050年にみんなが幸せに生きていられるように，今何ができるのかを考えて子どもと接している」と先生は話しました。人口1億人を切るだろうその時代に大切な力は，ヘルプを出せる力，出されたら応えられる力。そして，世の中のニーズを見つけて，様々なものに付加価値をつけニーズに応える力。目の前の課題に対して，そばにいる人とチームとなり課題を解決する力。

　この図工を見るだけでも，みんながそこに向け，いろんな力を育てていることを感じました。

## 通信のねらい

　子ども達にとって，3学期の終わりはゴールではありません。長い人生の通過点です。ですから，最後の1日でも指導すべきことは指導しますし，素晴らしいということは素晴らしいと伝えます。そして，僕の学級通信をここまで読んだらわかるように，僕は何度も同じようなことを1年間通して伝えています。それは，ワンパターンであるかも知れませんが，それだけ僕が大切にしているということでもあります。

　子ども達には自主的に生きていってもらうために，どの場面でも，たくさんの愛とそのためのスキルを伝えていきたいと考えています。

62

# 無理という前に

あきらめず，どうしたら良いか挑戦し続けられるようにする

## ◆「無理」と言う前に

　これから先，みんなは「無理」と感じて，行動を止めてしまうことがあるかもしれません。やる前に諦めることがあるかもしれません。でも，それは誰が「無理」と決めたのでしょうか？　なぜ，「無理」だと思ってしまうのでしょうか。

　それは，過去のあなたの考え方が関係しています。つまり，あなたの考え方の癖があなたを止めてしまうのです。うまくいかなくて悔しかったこと，失敗して恥ずかしいと感じたことなどの経験からつくり出されたあなたの心の傷。その過去につくった傷を生きて，未来をつくっていく今を大切にできていません。そんなみんなに三つのアドバイスをしました。

①「無理」と動くのをやめるのではなく，目の前のできることを一生懸命する。例えば，付加価値の授業なら，クラスメイトが困っていることや叶えたいことをリサーチするなど，できることがあるはずです。
②自分の理想に向かって大きなことをしたり，すぐに結果や変化を求めたりするのではなく，一つずつ小さなことで良いから，コツコツ楽しんでいく。
③自分で抱え込み，1人で解決しようとする「何様」になって，過去の考え方に取り込まれないで，アドバイスに対して，「あっそっか。やってみよ！」素直になってみる。

　これまでみんなは，無理と言ってやらなかったり，いきなり大きなことをしようとしたり，人のアドバイスに素直に耳を傾けなかったりした時に失敗してきたはずです。自分でなんでも決めつけないで，①〜③のことを素直に

なって取り組んでみてくださいね。

その中でうまくいかないことがあるかも知れません。でも，それは失敗なんかではありません。その過程の中に，あなたにとって大切な成長の種や次への改善点が見つかるはずです。

◆みんなの日記から

**友田さん**

　今日の4時間目の総合では，正直，初めは「無理やなあ……」と思ってしまいました。アイデアは全然思いつかないし，相手のニーズが何なのかわからなくて「ダメやな」と思っていました。でも，先生にもらったアドバイスを実際にやってみたら，アイデアが浮かんできました。今日を通して，改めて相手に聞いたり，ちゃんと助けを求めたりしようと思いました。

　漫才のメンバーを先生が決めた時も正直，「最悪……」と思いました。女子だけだから，恥ずかしがってあんまり面白くないやろなと思っていました。でも，いざ考えるとなったら，2人ともアイデアを出してくれて，表面だけで人を判断してはいけないなと思いました。漫才ももう最後なので楽しみたいです。

## 通信のねらい

　人は過去の自分の経験からこれがうまくいくか，いかないかを考えます。そうすると，多くの人が新しいことへ挑戦しなくなります。それは，変化や失敗が怖いからです。そうならないために「無理」と思ったらこうしてごらんということを伝えています。

　ただ，僕が3学期に子どもに伝えることは，今すぐ理解できなくても構わないことです。大人になるまでに何度か読み返す中で理解してくれればいいなと思うことも書いています。ですから，これは学級通信ですが，大人のあなたにも伝えたいことです。

## 63

# 自分を生きる

子どもに自分の人生を自分らしく生きてほしいと伝える

### ◆自分の人生を生きる

　人の顔色を見て動いている人がいます。その気持ちは先生もわからないわけではありません。それは，先生もそうだったからです。学校の先生，習い事のコーチ，いろんな人の顔色を見て生きてきました。

　では，それはなんでそうなるのか？　それは，先生の場合，自分の父親が厳しく，いつも家で顔色を伺って生きていたからです。つまり，先生はお父さんの人生を生きていたのです。こうなると，何をしても楽しくありません。自分の人生を生きていないから，当たり前ですね。みんなも，もしかしたら先生と同じように親の人生を生きているのかも知れません。また，個人的に先生に聞きたい人は日記で聞いてくださいね。自分の人生を生きる方法には，「本当はどうしたいの？」と自分に聞くということがあります。これは前にも学級通信に書いてあるので，もう一度，読み返してみてくださいね。

### ◆何かができなかった時…

　何かができなくて叱られた時，叱っている人は基本的にイライラしています。でも，その叱っている人より，できなかった本人が本当は自分のことを責めていること，それの積み重ねによってやる気を失っていることを先生は感じています。だから，叱る時は，言葉を選ぶ必要がありますね。

　できない人は，様々な要因が考えられます。小さい頃からどんな風にお家の人に育ててもらったのかやどんなことをこれまでに経験・体験してきたかは大きな要因となります。それを無視して，自分の想いだけをぶつけるのは，正しいことのようで相手のことを考えていません。それは，自分のこだわりの形を相手に押しつけているだけで，相手のニーズを考えてはいないのです。

人の顕在意識と無意識は大まかにいうと１：９です。ということは，あなたが「変わろう」と意識しても，もともとあなたがもっている無意識がそう簡単に「変わらせて」くれません。自分が「１人対９人」で戦うわけですから，９人の方が圧倒的です。人がなかなか変われないのは，この９割の無意識が邪魔するからだと言われています。その変われない苦しみを理解できない人が人に注意すると，余計に相手を傷つけるだけになってしまう可能性が高いので危険です。注意する側は，相手がなぜそうしてしまうのか真剣に考える必要があります。どんな言葉を必要としてるか考えなければいけません。

　しかし，注意される側は何も悪くないわけではありません。そして，何かができなかった時に何もしなくていいというわけではありません。ミスした後は，それを学びにして，どうしていくかを考えないといけません。ミスをミスのままにしておく人こそが本当に失敗した人です。ミスを武器にしたり，それを取り返そうとしたりする姿勢が大事ですね。

　昨日は，理科プラスの宿題を見て，大きく二つに分かれていました。宿題を忘れても平気な人や誤魔化そうとする人がいる一方で，前日学校に理科プラスを忘れた有坂くんは朝早く学校に来て取り組んでいました。同じく桜さんは友達に見せてもらい，理科のノートに解いていました。こうしてミスを取り返す工夫ができる人は安心です。将来の自分の夢の達成にはすごく関係することです。自分なりに考えてください。あなたの人生ですから。

## 通信のねらい

　人は自分の人生を生きてるか，幼少時代に体験・経験したことからその親の人生を生きているかに分かれます。子どもには自分の人生を自分らしく生きられるようになってほしいです。ですから，自分で考え，自分で判断できるようにその方法をたくさん伝えていきます。また，人と協力できるようにできないことに対して評価するのではなく，その裏まで想像し，考えられるようになってほしいと考え，このような学級通信を書いています。

64

# 愛に満たされていることを知る

様々なことを知る中で，自分の基準を再設定できるようにする

## ◆池間哲郎さんの講演ビデオより…

　社会の授業では，様々な国々の様子を知るために池間哲郎さんの「懸命に生きる子どもたち」を鑑賞しました。その中では，今，貧困の中で懸命に生きる人達の姿がたくさんありました。様々なことを感じたと思います。

　池間さんは最後にこんなことを話されていました。「日本人こそ心配だ。当たり前になりすぎて感謝がなくなってしまっている」「貧しい国を見て，かわいそうだから助けてほしいと言いたいんじゃない。その中でも一生懸命生きている姿から日本人のみなさんが学んでほしい。感謝することで人は一生懸命生きることができる」と。

　これは，以前話した「足りていること探し」と同じですね。日本に生まれた先生たちは，いろんなものがあって当たり前になっています。食べ物も，乗り物も，家も，電気も，何もかもあって当たり前になっています。だから，それがない状態はイライラしたり，悲しくなったりします。この基準の高さから，発表できない人が生まれたりもします。発表は正解して普通，できなかったら恥ずかしいと考えているからです。そうすると，心の中のコップには元気の水がどんどん減っていきます。

　感謝や足りていること探しは，その逆です。これはある意味基準を低くすることでもあります。ないことが普通で，あることが奇跡と感じるわけです。そう感じるようにいちゃもんをつけるように感謝していきます。脳は矛盾を嫌う臓器ですので，日常，「足りてるなあ」と感じているとより「足りてるなあ」という場面を発見したり，出合わせてくれたりします。

　さらに，脳は「足りていること」の大きさがわからないので，小さなこととも大きなこととも出合わせてくれます。これを人は一般的に奇跡と呼んだ

りもします。

　最近，６の１では「運が良くなってきている」という人がたくさんいます。それは，この足りている探しをしているからですね。足りている探しをしている人は，心の中のコップには元気の水がどんどん増えていきます。そして，それがあふれ出します。人はあふれ出したもので人を救うことができます。

　日本に生まれたみんなは，本当は足りているものだらけです。でも，いつの間にか「あることが当たり前」になってしまっていることがあります。貧しい国に懸命に生きる子は，「美しい」という表現を池間さんは何度もしていました。心が豊かだとも言っていました。

　でも，先生は日本に生まれたみんなはより心が豊かになったり，美しい生き方ができるチャンスが多くあったりするように思います。そのためには，今一度，足りないではなく，足りているということを自分の脳に再構築させていくと良いと思います。

### ◆愛されていることを知る

　昨日はタイムカプセルのクロージングの式でした。地域の方に，あそこまでしてもらえることも当たり前ではありません。小学校生活も今日を入れてあと６日。みんなにはぜひたくさん愛されていると感じてほしいです。

### 通信のねらい

　池間哲郎さんの「懸命に生きる子どもたち」の講演 DVD は，毎年子ども達と鑑賞します。映像の力は大きく，池間先生の伝えたいことは今の日本の子ども達に必要なメッセージでもあります。子ども達は自分の中の基準を高くして，自分を苦しめています。「○○ができて普通，できないことはダメだ」となっています。子ども達は知らないだけで，知れば大きく変わることがあります。この基準もそうです。ないことが普通で，あることが奇跡と感じるわけです。そうなるようなきっかけを教室でたくさんつくりたいです。

65

# 自分はどんな存在か

自分が幼い頃から受けてきたたくさんの愛を振り返る機会をつくる

## ◆なぜ，それだけしてもらえるのか？

昨日は，０〜12歳までにおうちの人にしてもらったこと，おうちの人にしたことを書きました。みんながみんな，してもらったことが多く，したことが圧倒的に少なかったですね。これを見て，みんなが様々なことを感じていました。「愛されていい存在なんだ」「自分も何か返していきたい」どれもがみんなの素直な気持ちでいいなと感じました。

今日は，ぜひ，おうちの人にも考えてほしいことがあります。「子ども達に本当はどうなってほしいの？」ということをです。みんな，家に帰ったら，ぜひ，この質問をしてみてください。するとね，答えは一つ，答え方は違っても「幸せになってほしい」ということだと思います。

日常は，そこに向けて「勉強したほうがいい」など，あれができてほしい，こうしてほしいと思い，みんなを叱咤激励していると思います。でも，心の中の中では，「幸せになってくれればいい」と考えていると思います。

日々，生きる中で大人にもいろんな感情が出てきます。だから，イライラしてひどいことを言ってしまったり，あなたを傷つけることをしてしまったりすることがあるかもしれません。先生もこの２年，こうしたことをみんなに何度もしてしまったと思います。

だけど，おうちの人も先生も，みんな，あなたが幸せになってほしいと願っています。それは，なぜか。それは，「あなたが愛されている存在」だからです。そのことを強く感じてほしくて，先生は昨日のワークを行いました。

お母さんのお腹に宿ったあの日，あなたはオセロでいうと白色を置いてき

ました。そして，その後，いろんなことがあって黒を置いた日があったかも
しれませんし，もしかしたら昨日，黒を置いたかもしれません。だけど，あ
の日，白を置いてきたから，今日，白を置けば全てが白に変わります。あの
日のあの辛かったことも，嫌だったことも，怒ったこともです。全てが白に
変わります。

　まだ，黒を置いている人もいるかも知れません。その人も，「生きててよ
かった」って日が必ず訪れます。その日，白が置ければ，あなたの過去は全
て意味のあるものに変わっていきます。

## ◆教科書を眺めてみると…

　理科も社会も教科書を眺めてみると，今，地球上で起きている問題につい
て書かれています。そこに対して，「あなたはどう生きるの？」ということ
が書いてあります。こうした問題に対しても，

①自分への責任……自分のニーズを満たすことを考える

②相手への責任……目の前の人のニーズを満たすことを考える

③社会への責任……社会全体やあなたが所属している集団のニーズを満たす
　　　　　　　　　　ことを考える

の三つで考えてみてくださいね。この三つのバランスが取れていることが大
切です。

## 通信のねらい

　子どもの頃から自分が家族にしたことを書き出します。そのあとに，自分
が家族にしてもらったことを書き出します。そのことを眺めながら，家族が
どうしてこれだけのことを自分にしてくれるのかを考えるワークをします。

　子どもには，生まれたその日からたくさんの支えの中で生き，たくさんの
人の愛に包まれていると感じられるようにしたいと思っています。

66

# 三つの「ない」を消す

子どもが自分自身にブレーキをかけすぎないようにする

## ◆自分の中から三つの言葉を消してみよう

　先生は，いつも自分の中から下の三つの言葉を頭の中で消すようにしています。その三つとは，「できない」「ダメ」「ない」です。この三つを消すだけで，脳はとても変化をします。では，「できない」で考えてみましょう。「レギュラーになれない」とあなたが思ったら，脳は「そうなんだ！　なれないんだ」となり，レギュラーになれない情報をたくさんキャッチするようになります。では，自分の中から「できない」という言葉を消してみるとどうなるのでしょうか？

> 「レギュラーになれない」
> 　　　↓
> 「レギュラーになるにはどうしたらいいのか？」

　こんな風に変わります。脳は，レギュラーになるための発見をたくさんするようになります。たまたま見たテレビや，本屋さんで偶然見た本など，脳が情報をキャッチし始めます。他にも，いろんな発想が思い浮かびます。「できない」を消すだけでもすごく変わりますよ。ぜひ，試してくださいね。

## ◆「何事も100点を目指さないこと」

　この話は，もし今，あなたが何かで100点を取りたいと思っているなら，それも叶えようとしながら，頭に置いておくといいなと思うことです。100点を取りたいという気持ちは大切ですから，そこに向けて努力するといいなと思います。ただ，その一方でこんなことも考えてみてください。

　この12年間であなたはもしかしたら，何をするのにも「100点を取ることは素晴らしいこと」と思ってきたのかもしれません。そこに向けて，努力を

してきた人もたくさんいますし，100点を取ったら褒められ，「100点－あなたの点数」だけ叱られたり，励まされたりした人も多いと思います。でも，このことがみんなのやる気を奪ってはいないかと先生は考えています。そうだとしたら，先生は大人代表としてみんなに謝りたいです。そうではなく，こんな風に考えてみてと伝えたいです。

　100点を取れることなんて，人生ではほとんどないですし，必要もありません。昨日も話したようにキム先生はできないこともたくさん。ミスもたくさんですが，それでも日々，幸せに生きています。

　100点を目指す人は，その度に自分の足りないことに目がいきます。マラソンをイメージしてほしいんだけど，たくさん走ってもゴールは見えてきません。足が痛くなり，呼吸がしんどくなると，「ゴールはまだなのか？」と不安になり，気持ちがしんどくなり，歩いてしまう人もいます。

　でも，どうでしょうか。ゴールは見えないけれど，スタートも見えなくなっているのです。では，なぜ見えなくなったのか？　それは，今できる一歩一歩を積み重ねてきたからです。こんな風にゴールからの足らずではなく，スタートからのプラスをみると良いなと思います。

　先生が大切にしているのは，「過程（プロセス）」です。プロセスを楽しむこと，今日もプロセスを一歩でも進めたこと。これだけで素晴らしいと思うのです。目の前のことに一生懸命だと，自然と結果はやって来るものなのです。100点人生ではなく，自分の夢や目標に向けて，今日出せる小さな一歩を一生懸命出せる人。そんな人になってほしいなと思います。

## 通信のねらい

　周りの大人の影響を受け，できない理由や自分のダメなところを一生懸命探している子どもがいます。それで動けなくなり，自信をなくしています。そんな子ども程，一生懸命もがいています。「頑張っていることは間違いない。頑張り方が少し違うだけだよ」って話してあげたいなと感じています。

**67**

# 卒業の日

自分がたくさんの愛の中にいることを実感させる

## ◆愛されているから今日がある

　「卒業おめでとう！」この言葉を伝えたい思いと，もっともっと一緒にいたいという思いが先生の心の中に渦巻いています。こんな風に感じるのを見ると，やっぱりみんなのことを愛しているんだなということを実感します。

　まずは，心からみんなに伝えたいこと。それは，「生まれてきてくれてありがとう。出会ってくれてありがとう」ということです。あなたが，この教室にいてくれるだけで，先生は毎日嬉しかったです。みんなが教室に揃うだけで，先生は幸せでした。この１年，たくさんたくさん笑ったことは先生にとっての宝物の時間になりました。

　今日はたくさんの人が祝福してくれます。今日まで，たくさんの準備をしてくださった方がいました。では，なぜ，それをみんながあなたにしてくれたのか？　答えは簡単です。それは，あなたが愛されている存在だからです。

　あなたがたとえ，頑張れなくても，努力できなくても，人のために動けなくても，あなたはたくさんの人に愛されてきました。愛されているので，今日を迎えることができました。入学してから，いや，生まれてきてからずっとあなたは愛されているので，いろんなものを与えられてきました。これからもあなたはたくさんたくさん愛され，たくさんのことに恵まれていきます。そう，あなたはそんな素敵な存在なのです。それを感じながら卒業していってくださいね。

　この１年，みんなにはたくさんの奇跡を見せてもらいました。誕生日や今週のお別れサプライズを始め，運動会や音楽発表会，修学旅行，みんなで楽しんだ学期ごとの漫才，付加価値の授業，みんなでしたたくさんのゲームやスポーツ，給食室に行くまでの何気ない会話，一緒に掃除をしたこと，日々

の授業でたくさん話し合ったこと，休み時間に一緒にふざけ合ったこと，他にもたくさん……。特別な時間だけでなく，日々の何気ない一瞬一瞬が先生の毎日の元気の源でしたし，今思うとかけがえのない時間でした。

　先生には夢があります。それは「学校を作ること」「目の前のことに一生懸命コツコツと動いた先に，自由な時間と自由なお金を手にすること」です。お金を稼いで，いろんな人に愛を発信することです。今，それに向かって一生懸命動いています。急にはそこに到達できないけど，今日できる小さなことを一生懸命取り組んでいます。先生一人の力では限界があるけども，どうせうまくいくと思っているし，たくさんの人が助けてくれています。8年後，みんなと出会う時には，お互いどんな人生を歩んでいるのか楽しみです。

　この学級通信も121号で終わりです。ここまでにみんなが人生を歩む上で，先生が大切だなと思うことを書いてきました。何かあれば，読み返してみてください。何かヒントになることが書いてあると思います。

　先生は，誰よりもあなたの可能性を信じています。あなたなら大丈夫。どうせうまくいくし，幸せになると確信しています。いよいよお別れです。今日までの2年，最高に楽しかったです！

## 通信のねらい

　僕は，子どもにどれだけ愛されてきたのか，今もどれだけ愛されているのかをとにかく伝えます。自分が愛されているという実感が子どもの安全基地となり，そこから様々なチャレンジができると思うからです。僕ができることは非常に少ないですが，せめて僕はあなたを愛しているということは懸命に伝えています。

　何事も教師の思うように子どもに教師の考える良いことをするのではなく，子どもとのコミュニケーションの中から子どものニーズを考え，子どもの必要なことを伝えていこうと学級通信を書いています。そのことが今の子どもの幸せに，そして未来の子どもの幸せにつながっていくことを願っています。

【著者紹介】

金 大 竜（きむてりょん）

1980年生まれ。日本一ハッピーな学校をつくることを夢見る，教師歴18年目の大阪市小学校教員。周囲からは“ハッピー先生”と呼ばれている。子どもの本来もっている力をどのようにしたら開花させられるのかを研究している。

教育サークル「教育会」代表。各地のセミナーで講師を務める。また，「あいさつ自動販売機」など，学級づくりにかかわる取り組みが，様々なメディアに取り上げられている。

学級経営サポートBOOKS

言葉で紡ぐ12か月の学級づくり
「学級通信」にのせたい
子どもの心を揺さぶるメッセージ

2020年2月初版第1刷刊　©著　者　金　　　大　　　竜

　　　　　　　　発行者　藤　原　光　政

　　　　　　　　発行所　明治図書出版株式会社

　　　　　　　　　　　http://www.meijitosho.co.jp

　　　　　　　　　　（企画）佐藤智恵　（校正）nojico

　　　　〒114-0023　東京都北区滝野川7-46-1

　　　　振替00160-5-151318　電話03(5907)6703

　　　　　　　　　ご注文窓口　電話03(5907)6668

＊検印省略　　　　　組版所　藤　原　印　刷　株　式　会　社

本書の無断コピーは，著作権・出版権にふれます。ご注意ください。

Printed in Japan　　　　　ISBN978-4-18-281818-9
もれなくクーポンがもらえる！読者アンケートはこちらから